U0915657

细节给力爱情得意

陈保才 著

重庆出版集团 重庆出版社

图书在版编目(CIP)数据

细节给力 爱情得意 / 陈保才 著. – 重庆:重庆出版社，2011.4
ISBN 978-7-229-04000-0

Ⅰ.①细… Ⅱ.①陈… Ⅲ.①爱情—通俗读物
Ⅳ.①C913.1-49

中国版本图书馆 CIP 数据核字(2011)第 042896 号

细节给力 爱情得意

XI JIE GEI LI AI QING DE YI

陈保才 著

出 版 人：罗小卫
策 划：华章同人
特约策划：杨鑫垚
责任编辑：刘学琴
特约编辑：舒晓云 刘美慧
责任印制：杨 宁
营销编辑：田 果 闫国栋
插 画：余莉莎
封面设计：柏拉图

重庆出版集团
重庆出版社 出版
(重庆长江二路 205 号)
三河九洲财鑫印刷有限公司 印刷
重庆出版集团图书发行公司 发行
邮购电话：010-85869375/76/77 转 810
E-mail：bjhztr@vip.163.com
全国新华书店经销

开本：880mm × 1230mm 1/32 印张：7.75 字数：150千
2011年6月第1版 2011年6月第1次印刷
定价：26.00元

如有印装质量问题，请致电023-68706683

自序：爱是一场修行

何谓“微观爱情”？我曾在《20 岁学会恋爱　30 岁收获幸福》的序言中有过注解，就是爱情的成败，未必在你的收入、工作、房子等大问题上，倒可能在约会、看电影、吃饭、发火、旅行、玩笑等小问题上。大问题可能阻碍了你的爱情，小问题却可能破坏了你的爱情。甜蜜的爱情因为忽视小节而夭折，是让人无比遗憾的。

古语有云：千里之堤，毁于蚁穴。意思是小罅隙，可以造成庞大工程的垮塌。莫泊桑也说过：“一件极微小的事，可以成全你，也可以毁掉你。”而爱情，恰恰是世界上最容易被微小的事毁灭和成全的事。

在电影《志明和春娇》里，春娇和前男友分手时抱怨：“你说带我去威尼斯旅游，可认识你五年了，我却连澳门的威尼斯人（酒店）都没去过。”正是这些小问题，伤害了春娇的心。春娇爱上志明，就是因为他在酒店里对她说：“有些事情没必要一晚就做完，我们又不赶时间。”虽然志明是迫于无奈，春娇却觉得他人“不错”。而志明爱上春娇也是因为她陪他多走了一段路。

人心都是柔软的，尤其是大都市里的男女，寂寞到死，可能一声问候就能让他（她）落泪，一句关怀、一丝温暖，就足以让他（她）彻底沦陷。从这个角度来说，爱情始于细节，是细节成就了一个人与另一个人的缘分，是细节让一个人爱上了另一个人。正如王菲所唱，“只因在人群中多看了你一眼……”这一眼，便让人生死相许。

那么，怎样才能更好地运用细节呢？这世界很少有天生的“细节家”，大部分人都要靠后天的修炼。像我，早年也不懂关心女生，不会说情话，不够浪漫，更不会取悦人。她回家，我想不起主动接过她的包；她外出，我并没有给她一个吻；下雨时，未必想起来要赶到她单位送伞；忙碌时，一整天都不会打一个电话……“你说你爱我，可是我没感觉到！”当她嗔怨时，我还觉得有点委屈，但现在想想，当时确实做得不够好，没注意到细节。

细节是什么？电影《非诚勿扰》里，笑笑对秦奋说：“今天晚上我是属于你的。”秦奋问：“是只这一晚吗？如果只这一晚，那我宁愿做一回傻子。”这就是一个男人的细节，就是这个细节让笑笑沦陷。《非诚勿扰 2》里，秦奋和笑笑试婚失败，芒果问秦奋是否修改保险受益人，秦奋反问：“为什么要改？”这也是一个细节，是一个男人对他爱过的女人的情分——散买卖，不散交情！

秦奋常念叨，“活着就是修行”！其实，爱情又何尝不是一场修行？

你要想爱情幸福，就必须先了解人性、人情、人际关系；你还要钻透男人，明白他的心思、相亲的游戏规则、情感的保鲜方法；即便分手，也要不断地修炼自己；还要明白爱是双人舞，不是你独自跳；当爱情与金钱发生冲突，你能分清孰轻孰重，为情商提速，做个神秘而魅惑的“魔方”女人……所有这些都需要你投入心思，运用智慧，专注细节，方能悟透一二。

人生是一场修行，爱是修行的结果。修得好，爱情幸福愉悦；修不好，爱情痛苦煎熬。而女人，更应当在细节中修炼气质，在微观中修炼智慧，唯此，你才能找到那个属于你的最佳爱情拍档！

推荐序：一个可爱的叹号

田心

初识陈保才，源于一篇他的美食情感专栏——恋爱就像吃葡萄，虽然所有的葡萄看上去都拥有同样的外表，但是如果你不尝，就不会知道它是酸还是甜；恋爱也是这样，如果不去爱，就永远不会知道你遇到的是好姻缘还是烂桃花……好一段简单直白的“饮食男女”论，仅寥寥数语就剥开了爱情的葡萄皮，独有的温情像一枚可爱的叹号跃然纸上，令人惊喜。

作为女生，惊讶于他这种比女生还要细腻的体察和表达能力，而更让我欣赏的，是他文字中透露出来的正向正念——罗列出爱情世界里诸多的小矛盾、小纠结、小忧伤、小问题，没有唬人的理论和说教，只从生活的细微之处总结心得，鼓励人们去爱去体会。在情感专家纷纷登场、新锐观点层出不穷的当下，只有他摆出了一副“将微观爱情进行到底”的架势。

人常说，相爱容易相处难。恋爱中的男女，总会以“月亮代表我的心”作为深情的象征，殊不知，那些日常冗杂里鸡毛蒜皮往往是最有效的见证。现在这个时代变得节奏越来越快，所以好多人就没有耐心为爱情本身去感动了。大家随身带着各种面具，想要在残酷的社会中追求自己想要的东西。幸福是什么样子，好多人已经模糊不清，也不知道它原来的面目。

在很多人看来，爱情是一个类似空中楼阁的抽象概念。我们在抱怨现实粗糙的同时，难免会忽视了一些细枝末节的感动，甚至在寻爱的漫漫征途上，因为一己的漠视或愚钝，最终与幸福失之交臂。唯美主义者奥斯卡·王尔德有句名言：女人谈恋爱用耳朵，男人谈恋爱往往依靠眼睛。其实，无论是耳朵抑或眼睛，听到的、看到的、体察到的都是敏感细腻之事。

于是，陈保才提醒大家：爱是一个可以无限具体的词，它可以有无限的、真实的、细致的表现。比如喜欢他熟睡的样子，给他做一顿完美的早餐，上下班去接她，给她买最好的礼物，彼此照顾，嘘寒问暖……一切琐碎的细节里，都包含着爱。想一劳永逸地找到Mr. Right，从此幸福快乐，这是懒惰爱情观！

《真爱密码》的作者格西麦克·罗区曾说过，最好的修行伴侣其实就是你的另一半。陈保才深知亲密的两性关系是由两个人日常相处的每一个微小的细节构成的，因此他总不忘在每一次给热心读者的回复邮件中写下特殊的 bonus——如果能把关于车子房子上争执的时间，用在给对方一个理解的微笑，一个宽容的拥抱，我们获得的，将是比房子车子更珍贵的真心！

我们的一生就是活在爱与被爱之中，两个人在一起是为了追求更多的快乐和幸福。想成为真正贴心的伴侣，需要有更多的包容、学习、理解和经营。所以，请你拿起这本书，与陈保才一起探索细节的真意，爱情的真谛吧。

田心

前资深模特经纪人、艺人经纪人、新媒体巨头市场经理

现为专栏作家，跨界图书创意策划人，天平 O 工作室创意总监，致力于创造爱与美的文化。

目录

CONTENTS

相亲原来是场拼图游戏

情感保鲜的千古秘密

分手的必修与选读

女人一生的修炼秘籍

爱是一支华丽的双人舞

爱情人情人际学

你的爱多少钱一平方米

情商总要提速半拍

其实每个女人都是魔方

钻透男人的读心术

誓言都是害人的

爱发誓的人，都是因为自己撑不了局面，当不了家。

宝玉爱发誓，这一点与全天下的男人一样。

那些誓言仿佛没经过大脑，张口就来。有一次，林妹妹说自己身体不好可能会死，宝玉信誓旦旦："你死了，我做和尚！"黛玉哪里肯信，即使自己不在了，家里还有几个姐姐妹妹，还有一大堆可爱丫头等他呢……这世上恐怕没有谁当真想做和尚，虽然有个例存在，但就大多数而言，都是被伤过之后才出的家。你见过几个爱情甜蜜人士，因为看破红尘选择出家？

当黛玉说自己早晚要死时，宝玉当即表态："你死了我也不活了。"这明显是场面话，说着玩的。男人最想在世上风流快活，让他跟你一起死，除非他得了绝症，顺便客串一下剧本角色，成全你的同时也成就一段爱情佳话。真实的情况往往是，那些约好一起殉情的苦命鸳鸯，总是女的义无反顾而去，而男的毅然决然地活着。不由想起《胭脂扣》里，十二少与如花打算共赴黄泉相约来世，但十二少反悔了，害得如花在地下老等不到他，只好重归人间寻寻觅觅。这也充分反映了，与男人一起殉情未免有些很傻很天真。

事实上，宝玉的誓言有两重功效：其一，当他闯了祸惹得林妹妹闷闷不乐，指天发誓可以挽回黛玉的心。为避免对方怀疑自己，他总是要先保证下来，先过了这一关，让感情恢复才是。对于这类誓言，黛玉也只是听听罢了，并不当真的："做了两次和尚了。"不过，一旦誓言说得多了，的确可以加深印记，到最后就真有人相信了。

其二，为自己塑造痴心真情的形象。每当黛玉为爱情难过时，宝玉总说："妹妹你放心"。其实黛玉是一直担心的，但宝玉说多了她也确实受到了很大的鼓励。尤其是第三十二回，宝玉挨打之前，两人互相敞开心扉，那一句"你放心"让黛玉彻底相信了他。只是想不到，后来的后来，宝玉一点家也当不了，只能让林妹妹失望。

誓言对男人来说，不过是空口说白话，当鸣则鸣，过后也就随风飘散了。《杜十娘怒沉百宝箱》里的李甲，信誓旦旦地要娶杜十娘，十娘倾注了一腔热情，拿了钱财让他来赎自己，都到外面了，却还是反悔了。这种男人，自己没有经济基础、欠缺实力，他的誓言，又能值几个钱?

女人都爱听誓言，但誓言有时候是个坑人的东西，他的承诺有几分是真几分是假？就算是真的，何时才能兑现呢？

兑现不了的誓言和谎言没什么区别，所以，誓言这东西，不信也罢！

新“三不”男人——不伪装、不说谎、不狡辩

新“三不”男人，看起来好像很绅士，其实更坏。

某女子郑重声明，她找了一个好男人。原来，他一开始就告诉她，他是不会结婚的，他很坏的，提醒她爱上他可能会后悔。

如此诚实，如此坦荡，真是难得的好男人啊。可是，真的好吗？

朋友小范也遇到过类似情况，对方直接告诉她，他有老婆有孩子，不会离婚，但他对她的心是真的。小范感动得一塌糊涂，不断地跟我说，这个男人真诚实，于是为了他爱的诚实，她奋不顾身，飞蛾扑火般上去了，甘愿献身、牺牲，明知道没有结果也在所不惜。

最后，她还是未能免俗地想结婚，但对方很冷静地说：“我从一开始就告诉过你我不会离婚，你还是断了这个念头吧！”无奈，小范只得一边遗憾一边惭愧地黯然退场，因为对方确实声明过，并没

有骗自己。

你看，这种诚实男人是不是比“不主动、不拒绝、不承诺”的家伙危害还大？以前，“三不”男人大行其道，女人们伤得身心俱碎，同时也看穿了他们的真面目。那些所谓的“三不”，不过是一件虚伪的外衣，里面裹着的是不安分和蠢蠢欲动，是“得手”之后逃离的借口。“三不”男人是比较低级的男人，做得比较明显，女人开始以为有希望，等过几日看穿了其真面目便会主动离开。

怎么办？诡计戳穿，泡妞不成！于是，世易时移，“三不”男人摇身一变而成为升级版——不伪装、不说谎、不狡辩的新“三不”男人，也可以称为新“坏男人”。

为什么会有这个变化？男人知道女人痛恨伪装、说谎、狡辩，于是就按着女人梦想的样子包装自己，那就是一个诚实、真实、坦荡的形象。这个形象很具欺骗性，直达女人内心，投其所好，攻其要害，女人很轻易地就沦陷了。

新“三不”男人早给自己留好了退路：首先是轻易地俘获女人的芳心；其次，以足够的绅士和幽默、文明和优雅来讨女人的欢心，让女人不能自拔，当他要离开时，女人却无力埋怨愤懑，因为他有言在先：“我是不会结婚的！”“我告诉过你我有老婆，是你自己愿意的！”“从一开始我就告诉你我很坏，你仍然要贴上来，我有什么办法呢？”

总之，无论你怎么指责，他都有话回挡，让你哑口无言。这就是新“三不”男人的狡猾啊，他直接把责任和错误推给了你，而他则光明磊落、坦荡自由。想玩？你能玩得过他吗？

将你当衣服的家伙

他爱你，却将你拱手相让，这种男人不是混蛋是什么？

港剧《蒲松龄》里，蒲松龄和高喆同时喜欢上了柳心如，而心如却只喜欢蒲松龄，三个人爱恨情仇，纠缠不清。最后，高喆病危，为了冲喜，心如决定嫁给高喆，蒲松龄也打算忍痛割爱将女人让给兄弟。当高喆知道心如和蒲松龄才是真心相爱时，愤怒得几乎要杀死蒲松龄。

历史上，冲冠一怒为红颜的男人不少。有些男人平时哥们兄弟手足地相称，但偏偏两个人爱上了一个女人。爱太深，放弃了就会觉得遗憾、不快乐、失去自我，所以据理力争。而有些男人觉得再争就伤了兄弟情义，所以逃避着将问题抛给女人。博尔赫斯的小说《闯入的女人》里，亲兄弟爱上了同一个女人，没办法，他们最后将女人卖给了妓院。这样偏激的做法也许只适合出现在小说里，现实中还是要注意下处理的技巧。

蒲松龄一开始也是觉得既然兄弟喜欢，那就忍痛祝福吧；那时爱情才刚萌芽，他以为自己可以不在乎。但是当他真的成全他们之后，才觉得深爱心如，无法舍弃，只能选择抛弃友情，决然地与心爱的女人在一起。

网上有人骂蒲松龄不仗义，和兄弟抢；也有人骂心如无耻，既然答应了高喆却又和别人乱搞……其实，诸多评论都没有深解人物的内心。三个在爱中沉浮的男女，最初都以为能互相理解——不表明，是不想给对方带来压力，但误解积重难返，无可奈何还是伤了感情，真到了关键时刻才发现自己如此舍不得，这很符合人性。

事实上，蒲松龄和心如犯的是技术性错误：当他们关系确定后没有及时让高喆知道。如果尽早知道“我爱的人不爱我”，以高喆的性格，他很可能主动退出，或者，还会嘲笑自己自作多情也未可知；最重要的是，那时还没陷入太深，即使心爱的女人与朋友喜结连理，也不会太难过。

所以，如果两个哥们爱上了同一个女人，那么最好的解决方法肯定不是横刀夺爱，抢会伤了兄弟情义；也不是拱手相让，那样只会让女人觉得自己不被重视。而且，怯懦的成全，会让三个人里有两个失去最爱，一个得到了最爱却不被人所爱，结果注定是集体痛苦。挑明立场，公平竞争，然后让女人选择，这才是真正的坦荡。

当然，更好的方法是彼此相爱的那对提前说出来——高调鲜明地牵手，才能让对方明了提早收手。男的可以不说，但要做到位，让兄弟明白；女的可以开诚布公，我知道你对我很好，但我一直把你当大哥，请相信我和他会永远幸福……即使再不开明的人，听了这番话也会退出的。就怕像蒲松龄和心如这样的，两人已经私订终身，却还不告诉第三方，彼此之间暧昧不明，产生误解便在所难免了。

如果你遇到这样的男人，一定要他及时表明态度，否则，就趁早离开他，越早越好！

寂寞男人“党”

男人以寂寞为借口；别让男人寂寞，否则他什么事都做得出来。

寂寞党不是一个党，而是一群寂寞的男人，或者说，是一群打着寂寞旗号的男人。

比如倪震。当初与小姑娘热吻，并不是想与周慧敏一拍两散。当真“情灭了，爱熄了”，空心的他们日后又怎会选择结婚？之所以绯闻缠身，无非是平淡的生活让他耐不住，情不自禁玩乐了一把。

再比如孙楠，据说，其实他并不是真的想离婚，只是想与主持人潘蔚玩点刺激，结果没想到碰到一个闷雷，再也甩不开了……

明星男人如此招摇，普通男人也没闲着。

有个曾在深圳某跨国公司任职的哥们，辞职之后，四处旅行。看他 MSN 签名，今天写着“明日去越南，有同去的说一声”“12号去上海，请相关同学准备接机”，改天又变成“西藏三日游，××请联系我”“布拉格之旅，爽歪歪”……哪怕是世界杯期间，这个朋友也依然马不停蹄。我一开始还很羡慕这周游世界的舒服，后来他跟我道出了真相：跟自己的老婆没共同语言。他们待在一起只能用一个词形容，那就是寂寞。所以他让自己不断地在路上，只有这样，才能舒展内心并忘掉寂寞。

“这寂寞又一天一天地长大起来，如大毒蛇，缠住了我的灵魂。”他一两个月都不回家，在旅途上大玩艳遇，任由家里的老婆独自承受……寂寞？这寂寞不过是对责任的逃避。

要知道，年轻的小伙子是没理由寂寞的。他的世界无比广阔，他的未来无限精彩，他的人生还有无数机遇，他想认识的女伴何其多哉，可以每天都谈恋爱，时刻都闹分手……寂寞，怎么能跟他们扯上关系？

真正寂寞的，往往是那些 30 岁以上的男人。因为迈过而立的门槛，男人对整个世界的把握与年轻的时候大大不同，年轻的时候认为一切皆有可能，此刻却不得不面对各种各样的无奈。

从某种意义上讲，《失恋排行榜》是一本真正的男人之书，讲的是“关于社会对男人的期待与男人的迷失，关于男人如何从颓废中康复，关于男人时时刻刻的噩梦，关于男人的不安全感、恐惧与忧伤，关于男人的厌世和偏执狂……在老友飘零四方或结婚生子之后，被遗弃的近中年的男人也只剩下这些了。”由此不难得出结论，他们内心的寂寞势如疯草，那是割了一茬又长起来一茬，怎么都根除不了。

如何摆脱寂寞？有的人选择放纵，有的人选择逃避，有的人选择枯萎，还有的人选择充实……你的男人属于哪一种？

每个男人都有一个色情帝国

有色情爱好的男人更健康，因为有宣泄。

有个在西班牙生活的女子给我写信说，结婚六年的老公喜欢看色情图片和杂志，还热衷于浏览有不良信息的网站。她觉得老公有点变态，删除过老公的收藏，他也答应以后改正，但几个月后又故态复萌。这让她很烦恼，她不知道老公的这些爱好是否正常，甚至怀疑他是不是不爱她了。

这个世界上有这样一些女子，她们觉得老公看A片就代表了色情，代表了堕落，说明他不喜欢她了，象征了他们性生活的不和谐，她觉得他变态、无耻、无药可救……这有可能导致他们的婚姻破裂。我将男人爱看A片、爱逛色情网站，以及爱收藏色情图片和杂志这些统统称为男人的色情爱好。

男人的色情爱好就像男人爱打游戏、玩篮球和踢足球一样，是他们对这个世界的征服，是一种肉体和精神上的放松；又好比男人迷恋汽车和照相机，因为迷恋，就会研究，继而带来技术的提升。一个在性爱上高水平的男人当然能给你带来不一样的体验，换言之，有色情爱好的男人往往爱好学习，也能与时俱进。

色情爱好就像散步、游泳一样，是一种休闲方式。当一个男人进入疲劳期时，他什么都不想干，更别提看那些让人想骂街的无聊电影了。为了不失望，不如看 A 片——通过那些色情的画面，看出里面的门道，甚至看出人性和人情，看出男女之间的性爱关系，这真是别有意趣的收获；如果能因此研究出点文化来，那就更让人惊喜了。

最最关键的是，男人可以通过这些色情爱好投注自己的性想象，从而满足自己的性欲，这也是一种宣泄；如此，消解了自己的荷尔蒙刺激，满足了自己的性饥渴，缓解了自己的性压力。当他通过这些色情爱好解决掉寂寞时，他就不会在现实世界里找寻其他女子的慰藉了。

从这个角度来说，男人有色情爱好，总比他去出轨好吧？

恋爱期间，男人花钱的心理密码

他愿意为你花多少钱，代表了他对你有多少真心。

美剧《绯闻女孩》里，丹为了和瑟瑞娜约会，甚至将储蓄罐里的零钱全掏了出来，可面对高级餐厅的昂贵菜单，丹依然纠结了很久。趁瑟瑞娜去洗手间，丹让侍者把他的正餐取消，只要饭前甜点——这个傻小子并不知道，原来瑟瑞娜是去结账。丹对瑟瑞娜的感情是认真的，他只是暂时还不富有而已。所以，如果一个男人没钱还舍得为你大手大脚，那他就是真的爱你。

恋爱初期，如果他舍不得为你花钱，不是他生性悭吝太过小气，就是他觉得这样的付出并不值得，无论哪个原因，于你似乎都有“沙扬娜拉”的充分理由。随着感情深入，他会主动证明对你的爱，如果当事人在花钱的问题上，表示不愿意或者十分勉强，那说明他正在考虑，要不要跟你继续下去。

男人的逻辑是，此刻大不了在你身上多花点钱，待“事成之后”一切就由不得你了。他们往往信奉钱能砸到漂亮女人，割肉也要砸，一旦到手又会恢复从前的吝啬模样。

关系一旦确定，原本大手大脚的男人突然也会过日子了。他会说，餐厅多贵呀，不如我们自己做饭吧；或者，看电影没必要去电影院，我们可以窝在家里在线观赏或者支持盗版碟片。如果真是这样，女人也没必要因为他不够浪漫而生气计较。

如何衡量一个男人愿不愿意为自己的女人花钱呢？如果他慷慨地给你买服装鞋帽珠宝首饰，说明他是真的爱你；会见父母，如果他对你父母礼数周到诚意十足，说明他为人确实不错；相反，如果全世界他只对自己大方，只怕就不是差劲那么简单了。

有个白领朋友，恋爱阶段就在房产证上写了女友的名字。谁不知道如今买房置地何其难也，可他甚至没想过万一分手自己也就人财两空了。没错，这就是真爱，当然更是自信。这样的男人一旦错过，就只剩一声叹息了。

有些男人偶尔撒娇让女人给他买衣服买手表，吃饭时，也笑着看女人去结账，如果事后他报销所有开支，那不过是一个试探性的、为爱添砖加瓦的小情趣；若是他没后续行动，当什么也没发生过，你就要考虑，莫非他习惯了把“吃软饭”当成光荣？

聪明的男人，不光为女人花钱，也会让你参与几项投资。因为他要弄清楚，这个女人到底是爱我的钱还是我的人呢？比如，买房的时候，明明他的钱够，偏要你出几万，还美其名曰“向借你的”；可到了归还的限期，“大股东”又顾左右而言他……一直拖欠，并非蓄意欺骗，而是说明他很在意，拉你入伙的目的是让你越陷越深，他的把握才更大。

张爱玲说过，如果一个男人能让你从他的口袋里随意拿钱，不管钱多钱少，那说明他真爱你。《满城尽带黄金甲》里有句台词，我不给你不能抢，自私的大男子主义者或者不够爱你的男人会遵从这个原则；但真正爱你的人，会让你随便拿，因为他觉得那些早晚都是你的。

如果你处于恋爱中，不妨拿他的钱试探他一下，相信会有惊人发现的！

已婚男都是演技派

经历过婚姻的男人早没了真情，都是在演戏，而且，演技精湛。

朋友 S 在交友网站认识了一个男人，资料上写的是单身。随着交往深入到了谈婚论嫁阶段，那男人才略带歉意地告知，自己其实没离婚，目前正跟老婆闹分居。S 登时就傻了。

很明显，朋友被骗了。就像《人在囧途》里，李成功在石家庄开公司，但老婆和孩子在长沙，如果不是说漏了嘴，情人曼妮不可能知道他是已婚状态。

现在，很多男人在外混世界，孩子都够上学的年纪了，还伪装未婚，尤其深圳、上海、北京和广州这样的大都会，在婚姻中还左顾右盼的男人实在太多了。一个女子，与上司相好了十年，可直到最近才发现原来他早就有老婆孩子——若不是那孩子大学毕业来深圳找工作，她还无从发现枕边人的演技有多高超。

女人如果够聪明，这种事压根不会发生，因为识破一个男人的身份实在太容易了。比如，外地有老婆的，一般都会往家里汇钱，可以监视他汇款的次数、数额，从名字上还可以搞清楚他是否只是寄给父母。

其次，可以选择逢年过节跟他一起回家。如果几次三番他都婉言拒绝，就比较可疑了。当然，也可以看他的电话，也许他有多部手机，其中之一是专门用来跟老婆孩子通话的，一般通话的时候都不让你听到。按照人之常情，家里有老婆孩子的，每逢重要日子总要问候一下的，比如中秋、春节、生日等，即便他不主动，家人也会从千里之外送来祝福。

通过他的信箱和 QQ、MSN 等来考察同样是一条捷径。美剧《绯闻女孩》里瑟瑞娜的父亲也是玩失踪，虽然他不顾家，但孩子却始终在找他。如果你在上述工具里发现有一些意义特殊的信件或消息，内容甚至是讨伐他的，很有可能，那就是他的老婆和孩子。

当然，他日常用的小物件也足以泄露天机，比如，钱夹里是否有全家福的照片，钥匙链上是否有某个女人或孩子送的玩意儿，手机里是否有孩子、老婆的信息……你更可以直接找到他的亲朋、熟人来了解情况，方法是自己单独和他们聊聊天，许多秘密会在不知不觉中泄露出来。这绝不是间谍培训，你完全有权利对自己未来的幸福负责。

其实，生活中总有正义之士。小L跟某男子无怨无悔地过了四年，男人的堂妹实在看不惯他对老婆孩子的冷落，更对这种大男子主义玩弄女性的行为义愤填膺。于是，她直截了当规劝小L说："醒醒吧，难道这么久了你也没发觉，他是不可能娶你的！"

基本上，能把以上细节搞定，已婚男都会露出尾巴！

男人：婚前可怜，婚后可鄙

结婚前，男人很可怜；结婚后，男人很可恶。

最近流行一句话，婚前男人觉得自己机会寥寥，婚后却发现春光无限。

虽说大丈夫何患无妻，但很多男人会在某个阶段特别焦虑，觉得自己事业刚起步，底子薄，担心找不到老婆。这种担忧不无道理。首先，对年轻男人来说，世俗的历练还不够，经济实力也不雄厚，房价日日高升，没有房子真的可能娶不到老婆。其次，年轻男人经历的女人少，摸不清女人的共性和特点，认为女人神秘、了不起、高不可攀。第三，男人的成熟期比女人晚，就同一年龄层次的人来说，男人很多事情都要靠女人点拨，尤其是生活的艺术，这也让男人缺乏自信。小男生找熟女，其实也是想让对方来点化自己，提升自己。

古语云，三十而立。先成家后立业，年轻男人都想早点结婚，成家之后好安心打拼事业，所以很多男人在选择上失去了细致和耐心，有些人只是为了结婚而结婚。这也是为什么有些男人离婚时会说，当初年少不更事，稀里糊涂听从了别人的意见；或者，她不是我最喜欢的类型，彼此缺乏感情基础，结婚完全是满足父母的心愿。

几乎是前一秒走进婚姻礼堂，后一秒就发现，世界全变了。之前无人问津，担心没人陪自己终老；现在却心生疑惑，为什么大多数女孩子都比自己的老婆漂亮呢？别人还有机会选择，自己却被婚姻牢牢绊住了脚步，不由得一阵失落一阵后悔。

当男人经济实力雄厚了，对女人也有了更强的吸引力，难免有异性会投怀送抱。诱惑当前，没几个男人能做柳下惠。婚后的男人，阅历和思想日趋成熟，对小女生有更强的杀伤力，无论工作还是旅行，都会遇到大把红颜知己，以前像睁眼瞎子，几乎看不到女人，现在好像一下子全跳了出来，真是亏啊。

当各种诱惑扑面而来，当男人逐渐懒得抵挡，“杯具”也随之而来。时下，很多年轻女孩子喜欢找已婚的有钱男人。他们对于婚姻的新鲜劲已经过去，责任感尚未完全建立，受到如此的吹捧和鼓励，自信心高涨，荷尔蒙蠢蠢欲动，免疫力低的直接就投降了。

了解男人的婚前和婚后情况，有助于女人更好地选择人生伴侣。比如，男人结婚后爱出轨，大多都是婚前没玩够，觉得吸纳美色很刺激；而那些婚前游戏人间的，婚后倒可能平淡顾家。所以在择偶时，选择一个晚婚的男人，或是经历过沧海桑田的男人，婚后可能更有安全感。

他的花心很好验

测试一个男人是否花心，最好在你们刚认识的时候。

女孩子一旦被花心男伤害过，往往会对男人失去信任。伤得深，是因为陷入得太深。如果能早一点发现对方花心，及时抽身，也许就不会开始，不开始也就不会痛。

有次，小丽带上漂亮的女同学去见刚认识一个月的男人，那家伙立即把眼光都投在美女的身上，如此明目张胆真是色胆包天，小丽芳心难容，当场就跟他说了分手。

小琴遇到的事情更过分，男友居然向她打听公司女同事的联系方式，甚至还央求帮忙介绍介绍。天啊，不仅花心，甚至根本没把她放在眼里，如果再不离开，迟早会成为他的弃物。

如今的男人搭讪技巧纯熟，胆子越来越大，心气越来越高。不仅要求家里红旗不倒，还要外面彩旗飘飘才满足。还有的男人因为女朋友不够漂亮，或者正在闹矛盾，就去找其他女人，给自己铺好退路。小莎的男友就是这样，他始终觉得小莎不符合梦中情人的标准，无论是在网络上还是走在街头，总想着不要错过继续寻找最中意女生的机会。

容容喜欢上了一个香港男人，因为不习惯两地分居，又不想去香港，所以她直接告诉港男，他们不合适，但男人不同意，将分未分。容容受过情伤，现在分外警惕。她故意安排自己的闺密去港男常去的交友网站试探，两人很快相识然后勾搭上。容容通过这样的方式看清了港男的真面目，虽然有点不厚道，但也还可以偶尔一用。

有一种花心难以界定，他可能有着绝佳的女人缘，对送上门的女人来者不拒。无论是同事、同学，还是朋友，有求必应，甚至会“很被动”“很无辜”地成全红颜知己的“美意”。这样的男人，就算不花心也很危险，因为他不懂拒绝，把有限的精力投入到无限的女人当中，导致你分到的关注和爱护只能是他所谓爱情的若干分之一。

想测试一个男人是否花心，最佳的时机就是在刚认识的时候，一旦验出来他是花心大萝卜，那就最好不要开始；恋爱刚开始阶段如果发现他不老实，此时分手还不至于伤得太深；要是等到结婚后才发现对方花心，损失就大了。

总之，检验男人的花心越早越好，越晚越吃亏。

男人最爱听的谎言

每个女人都应该有几句自己的专属谎言，那是你对爱人的甜蜜炸弹。

女人都爱听善意的谎言，男人又何尝不是呢？

以本人为例，最喜欢听别人说我帅，如果这口头表扬恰好是来自我喜欢的人，那感觉就更棒了。初恋看了我现在的照片后说，发现你越来越有味道了，她觉得我成熟了。那一刻，我心里简直乐开了花。当然，最为感动的还是现任女友的肯定：“亲爱的，你的眼睛帅呆了！”尽管我对该部位的现状略有遗憾，但却真切地感受到那份专属的欣赏，总免不了飘飘然一番。

电视剧里很多女人说过这样的台词：“不管你将来怎样，不管你有没有钱，我都会永远爱着你。”可一旦男人潦倒了，还能有几个女人垂青他？男人何尝不知道女人也只是逢场作戏，但是当她如此表白，心里还是会被感动填满，那一时刻，就是为她赴汤蹈火也心甘情愿。

棒，这是一个多么传神的字啊，既响亮上口又简洁利索，凸显了男人的魅力。“你真棒！”在床上听到这句话，你是不是更激动？性感，给力，有画面感，一声赞叹，能让多少男人龙颜大悦啊。

除了被夸奖、被肯定，男人还喜欢听承诺，像“我这辈子跟定你了”或者“我永远都只爱你一个人”。我只爱你一个，让男人感觉他是这个世界上最棒的人、最幸福的人、最值得爱的人；我只爱你一个，能让一个男人感到他战胜了无数男人，这才是最关键的。即使日后分手，男人偶尔回想起这句话，还是会由衷地感慨，这就是谎言的价值。

男人永远都是老婆和老妈之间的夹心饼干，如果女人对男人说，我爱你爸妈，也爱你妹妹，我喜欢你们家人，即使不是出于真心，男人也会感激涕零。当女人这么说时，男人会暗地庆幸找了个好老婆，最起码不会让自己太难做。更为关键的是，很有面子啊！老婆跟自己一心，对爸妈那么好，男人的尊严和荣耀感瞬间燃烧。

就像女人希望别人夸自己漂亮一样，男人这种动物最喜欢女人夸他聪明。小学五年级，有个女生刮着我的鼻子轻声说，你真聪明！那时候我就已经骄傲了。时至今日，如果依然有人夸我很聪明，很能干，我还是很受用。虽然自己不过是芸芸众男中的一个，未必成得了大业，但听到这样的话，内心仿佛真的认可了自己——我很聪明！

聪明的女人都应该学几句专属谎言，那是针对你的爱人的。每当他情绪低落时，就对他说，让他感觉到你的爱，就算是谎言，也是真心的谎言。

相亲原来是场拼图游戏

拆穿冒牌钻石王老五的假面

如果拜金就拜到底，免得拜不着失望难过。

有个男人，月薪不过几千块，居然骗一个女人说，他是报社主编，在深圳华侨城有套房子。事实上，此人根本就不从事媒体工作，所谓的主编当然是吹牛；连现在住的小单间都是租来的，更别提什么豪宅！

更滑稽的是，为了增加演出的真实感，该男还带女人去看新楼盘，打算再给女人买一套……房子当然没买成，但女人却非常非常感动。尽管这蹩脚的骗局最终被戳穿，“钻石王老五”受到了应有的惩罚，但对女人深深的伤害却不能消除。

如果以这个故事为例，我的建议是，当男人炫耀房产的时候，女人就该去实地考察一下：不是走马观花，而是火眼金睛，以免他借个朋友的空房来继续骗你。如何仔细看？就是看他屋子里的装置、设计、摆设是否跟吹嘘的一样，比如他说过的电脑、沙发、藏书、沐浴露等生活细节，他的生活爱好和品位，你两相对照一下就参透一二了。

当他陪你去买房子的时候，千万别客气，索性让他买一套，看他是否真交钱，是否买得起。你并不需要他写你的名字，也不算宰他，只是验证下他是否真的肯买、是否有实力而已。

他约会是否真的自己开车来？有些人总借口自己的车去维修了，或借给其他人了……当然，也有人租车充门面，那就要看他相关的各类证件了，然后套问他拿到驾驶证的时间，聊聊车险等话题，总会让他露馅。

去购物的时候，不妨去刷男人的卡，考察他是否心疼。如果他强烈禁止你刷，就算不是冒牌也是悭吝；当然，为了不留下把柄，你最好刷他的卡给他买东西。比如，送他上千块的贵重领带，你要告诉他，男人必须有品位，你就超级喜欢穿高档衣服和鞋子的男人。如果他是冒牌钻石王老五，一定会眉头紧锁；即使当时伪装没事，保证他下次不敢再陪你逛豪华商场。

对鉴别一些冒牌钻石王老五，其实有个方法很好用，譬如，说自己公司亏了，或者想给父母在北京买个别墅，希望他支持。女白领则可以这样考验，说你想去地中海坐邮轮，或者去夏威夷度假，或者去马尔代夫看海，看他怎么答复你。如果回应很爽快，基本代表他有能力做到这些。

总之，女人想检验男人“钻石成色”的方法太多了，关键看自己的修炼与摸索。而且，我甘冒被男人憎恨的风险，为广大女性朋友出谋划策，如果你还不争气，真对不起我啊！

御姐怎样赢得爱情

御姐要想获得爱情，必须学会柔软，学会示弱。

御姐，日文写做“御姉”，本意是对姐姐的敬称，也引申为成熟的强势女性。

在一次访谈中，记者向范冰冰问起章子怡，范冰冰说章子怡曾给她发短信祝贺新剧，她还说她相信强大的章子怡一定可以战胜挫折。两个被传超级不和的女人，原来私下里屡有交流，除了两人惺惺相惜之外，我们还需要怎样的解释？

章子怡穿越N重门，终于成为打不倒的章坚强，而范冰冰则直面无数口水与诋毁，最终成为“范爷”。你喜欢她也好，讨厌她也罢，她依然在前进。这就是御姐，没有强大的内心，便很难做御姐。

《乱世佳人》里，郝思嘉可以劈开荆棘，在男人的世界里打出一片天地。她明白，女人要想生存发展得更好，就要比男人更坚强。媚兰是文弱的，虽然贤良，但在乱世，光有贤良是不够的，她对这个世界的风云突变无能为力。从这个角度说，男人应该找御姐，因为她能在事业上闯出一片天地，在这个竞争激烈的时代，家里有个能赚钱的老婆，自己也会轻松许多。

但世上就没有完美的事，御姐在强势的外表下，往往也会做一些让男人受不了的事：一是性格的强势，容易给男人造成压力，二是手段的强硬，往往落得个“狠毒”的骂名。男人偏偏又喜欢比自己弱的，这样才能彰显自己的雄风——《红楼梦》里的贾琏可以为一个情妇拿刀追砍王熙凤。凤辣子因为发现奸情而打了情妇，贾琏倒不是可怜美人挨打，而是觉得王熙凤不把自己放在眼里——她打了他的情人，相当于生生地打了他的尊严。

御姐在爱情方面往往容易陷入困境。因为表现得太过强势，大家觉得她更像一台机器，普通男人根本罩不住，范冰冰就说“纯爷们一定会被吓跑的”；而御姐也很难看上寻常男子，就如章子怡不会找朝九晚五的白领一样。

难道没有解决之道？当然有！《红楼梦》里，探春和宝钗都很能干，但她们依然把男人放在眼里。她们觉得，既然有男人在做，自己就没必要出头露面；但真要她们承担的话，她们绝对做得漂亮。如此这般，既可以让自己享受清闲，也可以给男人找点事做，让他觉得自己还有存在的价值——这样才能充分激发男人的保护欲啊！

再举一例，以前大S整天一副马不停蹄的样子，男人一个接一个地离开她；几次恋爱失败后，大S终于学会了柔软。看她和汪小菲在微博上的调情，看她为了等汪小菲的生日，自己的生日都可以晚一天过，一起逛街的照片也都是温顺的小鸟依人状，她能顺利出嫁便很自然了。

所以，御姐与男人相处时一定要记得，事业上你或许是女皇，但爱情里，你只是女朋友。

相亲用餐指南

贵与贱都不是最关键的，但一定要吃得开心。

朋友带着相亲对象去一家东北饭店吃饭，很是豪爽地点了一桌子佳肴，但对方却总是浅尝辄止，有的菜甚至都没动过。问她，不好吃吗？答曰，没什么胃口。朋友又加了几个菜，对方根本不等菜上来，就建议道，不如，我们出去吧。

到了街上，女孩说，不如我们吃烧烤吧。朋友碍于情面，只好听从美女的吩咐，点了肉串、鸡翅……食物的口感真是不敢恭维，半生不熟又寡淡少盐，尤其是还辣得要命。相亲对象则吃得津津有味，甚至要了几扎啤酒。用罢晚膳，朋友再没理过那个她。

在朋友看来，在东北饭店的时候女孩太做作，不想吃就该阻止他再点菜；而烧烤店的食品那么垃圾，她却能大快朵颐，两人根本不是一路的。

由此可见，吃什么不仅是胃口问题，还事关默契大计。

一般男人都不太去高级餐厅，怕万一不合适，浪费钱财。当然，也有个别男人带女人去低档饭馆，以为花个几十元就能搞定，反而让女人瞧不起。总有女性在帖子里抱怨，说某某带她吃福建沙县小吃，总共花了十八元；还有人回复说，相亲对象只点了两个素菜、两份米饭，连餐巾纸都没有，那饭吃得真憋屈啊！

男人请女人吃什么，代表了男人的实力以及是否豪爽和慷慨，同时也彰显了对女人是否足够尊重。虽然她还不清楚你的身价，但诚恳的态度会让她刮目相看，觉得你以后可能会为她出手阔绰，因为这顿满意的饭，她也会对你加点分的。

鉴于有些女人不知为对方省钱，约会吃饭没必要去太昂贵的地方。网上曾有讨伐帖，说海龟男带相亲对象去吃饭，女方点了鱼翅、燕窝等一大桌子菜，十个人都吃不完，分明是拿人家当冤大头！想避免被宰，最好去口碑较好的中档餐厅，一道菜四五十，那么两个人四个菜，加个汤，上点酒，服务费加茶位费，三百多也就搞定了，何乐而不为？

至于女人，当然可以提要求，但也没必要刻意铺张浪费，点一些惠而不费的可口饭菜，对方会觉得你善解人意，会过日子。而且，不要贪多、贪贵，多了吃不完，打包不好看，浪费，而贵的未必好吃。一般来说，男士都愿意为你点份木瓜炖雪蛤或其他养生汤，一汤一菜一饭基本就够了。点得少，对方认可；要是你不想欠对方的，自己付账也省钱。

总之，相亲就餐是一个相当考验心思的事，关乎钱，更关乎人的性格与生活品位，贵与贱都不是最关键的，但一定要吃得开心。

你独此一人，怎能温暖

一个人快乐，但也孤单。

朋友把 MSN 的签名改成“找个男人过冬”。之后她又在 QQ 上跟我抱怨：“这个冬天我不想一个人过。”说抱怨其实不准确，应该说是愿景，她想找个人陪，找个人温暖自己。只是，到哪里找这么合适的人？

“你独此一人，怎能温暖？”来自一位美国诗人，当然也有各种各样的翻译，不过总觉得自己调整的版本，富有强调的力量，也更具反诘的味道。

当时的我还处在单身状态，所以有资格说这句话——我是寒性体质，冬天总是怕冷，像个需要冬眠的动物。也曾毫不隐瞒地对好友们说，我讨厌冬天，因为它让我没活力，让我丧失了泡妞的热情和积极性。如今，我生活在温暖的南方，也不再像以前那样，想要一个人陪我过冬，但我依然要说："你独此一人，怎能温暖？"

也许你猜到了，我要说的不是自己，是单身女性。

她们个个精明，有的宁愿一个人凄凉地生活，也不肯低首去找一个男人相携相守。在"宁缺毋滥"的口号下，似乎没哪一个男人能让她们看上眼。

身边就有这么一位"白骨精"，她每每强调："我不缺钱，不缺房子，我为什么平白无故找个男人来共享我的奋斗成果？"哪怕那个人对她温柔体贴，她也不肯嫁，"一旦结婚我就沦为一个家庭主妇了，多庸俗啊"。

我说，那还是不一样的，你自己给自己取暖，感受不到幸福的温度……于是，她沉默了。或许一席话讲出了问题的实质，点到了剩女的痛处。

没隔几天，有好消息传来，她恋爱了，而且是马上结婚的那种。我不由得惊呼，这么快？她平静地回答，并非闪电的模式，是原先就有那么一个人在等自己，之前一直没有回应追求，现在顺水推舟而已。

原先之所以不肯答应人家，就是觉得他配不上自己，听了我的一席话，她决定给对方一个机会，也给自己一个机会。恰巧那段时间公司相对清闲，她就请了半年假，细心地体味生活，以一颗平常心看待那个追求者，忽然觉得人家挺好的，一桩美事就此诞生。

老一辈的经历也告诉我们，越是严酷的时刻，越需要真正的爱情。请注意，尽管需要互相取暖，但不能为了取暖而取暖，只有找对那个人，我们的人生才有安全感、幸福感和成就感。

通过六个人，找到你的幸福

只要用心，总能寻到最爱。没有天上掉下来的爱人。

美国著名心理学家米尔格拉姆创立了“六度空间理论”：你和任何一个陌生人之间所间隔的人不会超过六个，也就是说，最多通过六个人你就能认识任何一个陌生人。自 20 世纪 60 年代创立以来，该理论已被广泛应用，并得到越来越多人的认可，尤其是在这个地球越来越平、世界越来越小的时代。

尽管如此，总能听到一些女孩子抱怨：工作很忙，生活单调，两点一线的轨迹没机会结交男朋友……这不过是美丽的借口。如今的时代，什么工作不与人接触？即使你当幼儿园老师，你也可以通过幼儿接触到他（她）的叔叔、舅舅等亲属，或者是家长的朋友、同学、客户……

哪怕是自由职业者，经常窝在家里，你去买东西，去看话剧，去银行，去看病，总能见到不少顺眼的男人，想个聪明的方法，让你认可的男人意识到你，注意到你，想办法让他跟你打招呼，怎么可能会认识不到人呢？

就算你不出门，你也可以认识很多人。来修理冰箱的小伙子，可能是个不错的技术员；给你开通网络服务的男生，也许是本科毕业；住你旁边的人或许在暗恋你，你的股票经纪人也许是好男人；某个人忽然敲错了门，打错了电话，发错了短信……如果你留心，你总能碰到男人，不是吗？

重要的是你要留意，如果你关心生活，生活也会关心你，而你也终将得到生活的馈赠。关键是，你要主动。

从这一刻开始，你可以发动身边的熟人，去认识更多的人，比如同学、朋友、亲戚、客户、合作伙伴，通过他们顺利融入更丰富多彩的社交圈子。如此这般，你的人脉无形中就广泛起来，资源充足了，你就有了筛选的可能——哪些不吸烟，哪些性格好，哪些经济不错，最重要的哪些是单身……算下来也是十里挑一的比例，几轮筛选下来，也足够你开始新的生活了。

若是这些人当中，你一个都没看上，怎么办？那我只能说，问题在于你自身了。要知道，完美的男人不是出现在电影里，就是活跃在文学作品中，现实世界没有让你完全满意的男人！

通过“六度空间理论”找到若干候选人之后，我还要送你一句话：爱自己，和谁结婚都一样。与你结婚的男人，只代表了幸福的一个方面，而并非全部意义。如果不能爱自己，即便能与最优秀的男人喜结连理，故事的结局也将是闷闷不乐。

骄傲的人最容易被攻下

表面骄傲的人，内心最虚弱；给他一点温暖，他会彻底缴械！

大学时认识一个政法系的女孩，长得很漂亮，而且喜欢写诗，气质超然，独来独往，裙裾飘飘……至少在我看来，要能与这样的女孩谈恋爱，当是一件值得庆幸的事！

不久，她身边就出现了一个男生，既不高大也不英俊，他怎么就追到她了呢？熟悉之后我抛出这个问题，她的回答很出乎意料：她很害怕被孤立，可是无论男生女生总觉得她另类孤傲；喜欢她的人蛮多，但却没有人敢于追求她……恰恰是这个男生行动了，他没有像别人那样采用仰望的姿态，这让她有一种回归凡尘的感觉。

就像张爱玲，明明想谈一场恋爱，但偏偏没人追，孤傲清冷，遗世独立。世俗的男人，他们只想找个花瓶，或者找个信奉“无才便是德”的女子，百依百顺容易应付，还能夫唱妇随，有什么不好？张爱玲这样的女子，身上没有人间烟火的热闹场景，她不会陪你演绎听话的样子，也不会装扮一团和谐，她不爱打牌、搓麻将，更不可能与其他官太太乱抖八卦，做个随分安己的无骨女子。

所以，一旦遇到胡兰成这样敢于轻薄她，敢于招惹她甚至死皮赖脸的男子，她满心欢喜。此时此刻，根本来不及考虑他是不是最好的——好不容易才有人来骚扰，当然要奉陪。他说：“你这么高，这怎么可以？”一下子拉近了距离。知音难遇，一旦遇到，更要投桃报李，你给我一分我还你十万，把自己倒贴了进去。这是很多骄傲女子都会犯的错，高标如张爱玲都陷了进去，何况寻常女子？

骄傲的人，看起来高不可攀，其实脆弱无比；看起来难以接近，其实容易相处。他们往往有一颗渴望摆脱高傲的心，如果没有独到眼光，一般人只能看到表象，看不到其内心。骄傲的人容易被孤立，要么是自身的姿态吓跑了别人，要么是周围的人对她缺乏深刻认识，没有勇气去心平气和地了解她。

骄傲的人都是神，但其实他们并不想扮演这样的角色，他们只是不自觉，他们天生就是这样一副面容。如果你只看到他的表象，就很自然地疏离他，那你就错了。骄傲的人，内心无比渴望友谊与爱情，渴望像大家一样，随意，平和，疯玩成一片，只是，他还不能主动做到这一点。

这时候你可以主动点——如果你不主动，他绝不会靠近你，他会继续高傲下去，而要是你靠近他，他也会走近你，没准比你还有热情，那时候，攻下他不是轻而易举？

太有学问的“杯具”

爱情的幸福与学问不成正比，爱情的幸福只跟你的心灵有关。

认识一位香港大学的女博士，交往过程中，发现她人情世故什么都不懂，那种别扭和拧巴，当真让人难以接受。提到这些她还理直气壮：“我喜欢象牙塔里做学问的，像我这样的人就该找个人跟我过一模一样的生活，世俗的男人配不上我！”如今她三十有六，依然难觅佳偶。

世俗间有言：世上有三种人，男人、女人和女博士。在这里引述当然不是搞人身攻击，而是有些学问太高的女性，确实是爱情的傻瓜。她们大都很迷信学问，迷信书本，有的连杂志都迷。据说，某女博士看了女性报刊上的《嫁给二手男人的十个理由》，觉得文章非常有道理，之后谈恋爱就只找二手男人，结果被骗财骗色，还跑到杂志社控诉杂志害了她，让人看后觉得悲哀。谁都知道，杂志只能用于娱乐，最多参考一下，没人要你拿它当教科书。

太有学问，往往就钻到象牙塔里出不来了，不知道具体情况具体对待，只知道书里诗情画意雪月风花，无法领悟世俗生活的美好，无法感知日常琐碎、饮食男女中点点滴滴都包含着艺术。因为不够世俗，也便少了烟火气，在伴侣选择上，很容易就被男人踢出局。

她们往往放不下身份，总觉得学问是莫大的资本，但男女相处中，你不大可能跟伴侣展开学术研讨，而且那些纸上谈兵的理论也不足以弥补生活常识的缺陷。而那些学问，尤其是那种姿态，容易让男人避而远之。《围城》里的苏文纨，赵辛楣够不着她，方鸿渐竟也不要她，可像唐晓芙这样的本科女子，虽然学识粗浅，却把方鸿渐迷得七荤八素。

学问高深的女人容易自觉聪明，包容心不够，无法容忍男人的缺点和弱点，这实在是一大遗憾。在她们眼里，天底下没一个完美男人，偏偏她们又喜欢完美，无形中导致了最终的失望。

一般女人对男人的错误都会睁一只眼闭一只眼，但太有学问的女人却很爱较真，很难原谅男人的走神，一旦出现问题就会决绝地要求离婚，离婚后又容易陷入自卑：难道我真的不如那个高中毕业的 90 后小女孩吗？我听过不下十个女人这么说。

她们更难以接受在爱情上的失败，因为觉得自己很牛很强大，对方怎么可以抛弃我呢？或许她们永远不懂，男人不会纯粹爱慕一个女人的学问，倒是女人很喜欢仰望知识渊博的男人。

苏文纨最后变得有些古怪，也和她的学问有关。她无法容忍方鸿渐的抛弃，觉得太伤自尊，太没面子，心里窝着一股邪火，当然报复起来也够恶毒。

多看了你一眼

只因一回首，便牵扯出无限情愫。

爱情是怎么开始的呢？不仅仅是我在人群中多看了你一眼，而是你也恰好在那一瞬间向我回头，于是，惊鸿一瞥的两个人就发生了动人的故事。

能产生爱情的恐怕还有：你比别人多给了他一个微笑，多一句关心的话，多一个问候，多帮了一个小忙……看似偶然，其实证明了你比别人更细致，更真挚，更温柔，更有耐心。你是一个特别的人，所以，你才比别人多看了他一眼……

遇到另一个人之后，怦然心动满心欢喜，那很正常，因为与帅哥或是美女邂逅，本身就是件让人愉悦的事。如果那个人从此不再露面，而你要忍受着“日日思君不见君”的煎熬，因相思而憔悴、消瘦，那基本可以断定这就是爱情。

判定一种感觉是花心萌芽还是爱情迸发，关键要看那个人是否愿意为你吃苦。如果他只是喜欢你，一旦遭遇挫折阻碍就退缩避让甚至打道回府，这种表现不可能被称为爱情。如果他百折不挠，历尽千辛万苦依然不改初衷，这才算真正的有情有义。从这个角度判断，李甲对杜十娘的感情不是爱，因为只有片刻欢愉后的甜言蜜语，果然，危难时刻他就舍弃了她。而梁山伯与祝英台两个人，哪怕化成蝴蝶也要双宿双飞，那才是我们期待中的经典故事。

衡量一段感情的深厚，断少不了思念这个砝码；唯有经过辗转反侧，唯有备受煎熬后依然还要再见，才是真情。思君令人老，岁月忽已晚。这感觉像一杯好茶，淡淡的苦涩，淡淡的芳香，回味悠长。

“想你时你在天边，想你时你在眼前，想你时你在脑海，想你时你在心田！”思念一个人，有时候在天边，因为他可能并不在你身边；但又确实在眼前，因为天天想，熟悉了；有时候在脑子里，那是理性的时候还在想他；有时候就在心田，那是情不自禁的自然流露，根本不是想了，而是本来就在。经过了这样在天边在眼前在脑海在心田的四个阶段的反复折腾，便可以料定你是真正地爱上了那个人。

为了证明你的爱，你可以一直守在原地不开口，只等他来发现，这种静默的爱，是深情而富有自我牺牲意味的。

因为多看了一眼，便陷入了无法自拔的思念，便开始了爱情；也因为多看了这一眼，你注定要与这个人——而不是其他人，在一起；因为多看了一眼，你要对这个人负责，不仅是当时的惊艳，欢愉与激情之后，颠沛与漂泊之后，漫长的时间和无聊之后，也依然喜欢；因为多看了这一眼，你就承诺与他相守一辈子，照顾他一辈子……这是最好的爱情，也是最美的传奇。

可以主动，不必热情

淡定地主动，一定要不露痕迹。

老大不小了，也该找个人谈婚论嫁了。某种情况下，遇到一个人，刚开始感觉还不错，可是，过几天，对方做了一件什么事——也许是老想着上床，你不给他生气了；也许是约会迟到，或者不够关心你；也许你发现了他的小缺点，比如自私、自大——你觉得他不适合你，便想结束这段交往，但又藕断丝连。

你觉得就这样结束似乎有点不妥当，内心还有不舍，你想再发个信息给他，但又不知道该不该。这样一种状况，到底该怎么打破？

其实，很多人之所以踌躇、犹豫不决，就是因为好不容易碰到了一个人，怕放手以后，就消失在茫茫人海。

面对此情此景，你应该清楚地认识到，如果他还值得联系，值得交往，但他又不主动，你不妨主动给他发个信息。记住，是信息，不是电话，电话太隆重，也太热切，他甚至能感受到你急不可耐的心情，因为他能听到你的声音和呼吸的频率。发个信息，无须热情，就当是个普通朋友，问候一下，关心一下，看他如何回应。如果他很热情，也许你们的关系可以修复；如果他很冷淡，甚至恶言相向，那就情缘断了。一刀两断，干净利落，也好早日重拾心情，开始下一段旅程。

如果你觉得他不值得再交往，那就赶紧否决，不要再联系。

前提是能够准确判断，他到底是怎么想的。他是怎样的人，值不值得你主动？打个比方，男女认识不久，女孩子对男孩子发火了，男孩子就不怎么答理女孩子了，不肯主动联系她，也不回复她的短信。这种情况下，要先回想一下你为什么发火。是他确实很不堪，做出恶心事？还是你脾气暴躁，或是太冲动没管住自己？如果是前者，那发火正常，他不回你正好。如果是后者，他不理你可能是受不了你的暴躁脾气，他不想包容你，也许还说明他爱生气，不联系也罢。

如果确实是你无理取闹，事后很后悔，你也可以发个信息，主动一下，无须道歉，你主动联系他已经代表和解。他回复你代表他很大气，如果他依然不理你，要么是他根本就没看上你，要么就是他小气，耿耿于怀。

除了发短信，也可以主动约他吃个饭，你付账，看他什么表现。

不必说什么，当什么事都没发生，静静地观察，你甚至可以观察出他到底适不适合你，你看明白就知道怎么做了。

拒绝“空头支票”

一个物质的女人就应该物质到底，一个超脱的女人也应该超脱到底。

这是朋友小溪的亲身经历。

那时候，有个很不错的男孩子追她，但是这个“南漂”的小伙没有房子。恰在这时，别人给她介绍了一个深圳本地男子，职业一般但其父母有若干房产。

小溪没任何犹豫，抬脚就踹了“南漂”，迫不及待地嫁给深圳土著。结婚后，婆家却只在市中心给他们租了一套小公寓。老公安慰她说，父母的那套房子已经很老了，估计下半年政府要搞拆迁，到时候自然换大房子给咱们住，何必那么心急呢，安安心心过日子吧！

三年转瞬而去，那旧房子却迟迟不见动静，新房子的希望也越来越渺茫。再加上老公也不是特别上进，小溪日益觉得委屈。当她再次跟老公提起房子时，得到的回答却是“你太物质了”，父母年纪大了，帮儿女付租金已经非常不易，还想着问他们要房子，真是不懂事。小溪很愤怒，要知道，当初可是他信誓旦旦地许诺，结婚后父母会送一套房子的啊，怎么变成自己无理取闹了？

要知道，那套房龄超过二十年的老房子，楼道早已破损，墙壁斑驳，到处弥漫着一股陈腐的气息，小溪根本也不想去住。可是要靠两个人的工资在深圳买一套房子，真不知道要到何年何月。最不甘心的是，原先追她的那个"南漂"，当股票经纪人干得越发风生水起，甚至还全款买下了三室两厅的大房子！两相对比，小溪更觉得自己上当受骗了。

相亲也好，相爱也罢，所谓的潜力股都是相对存在的。毕竟，青春很短暂，幸福很骨感，没必要为了遥远的可能性承担一辈子的风险。

其实，男人冲动表白时，说一两句婚后的生活安排是很正常的生理现象。他们会对女孩子说，再给我两年时间，我一定能赚到很多钱，到时就给你买一辆宝马 MINI……兴之所至，情也由衷，也不能直接定性为刻意欺骗。

如果说真有错，那小溪也难逃其责。作为一个物质女，她没有将物质主义贯彻到底，结婚前就将房子拿到手。在当时，深圳土著只是说父母的房子会给他，如果拆迁也的确会兑现承诺，只不过城市化的进程并没有想象得快速而已。但在小溪看来，这就像画饼充饥、画梅止渴，被一种虚幻的感召所套牢，失落万分当然不足为奇。

我并不鼓励女人一味地追求金钱，但是，既然你已经选择了委身有房有车一族，就请严格坚守自己的理念。做人要坚定，嫁人也是一样，千万不要被描述出来的空头支票所迷惑，看不到实物就做决定，那实在算不得明智之举。

所以，我建议那些信奉“非有房有车一族不嫁”的女子，一定要坚持自己的主见，不要随意变换目标，否则，将来后悔的还是你自己哦！

情感保鲜的千古秘密

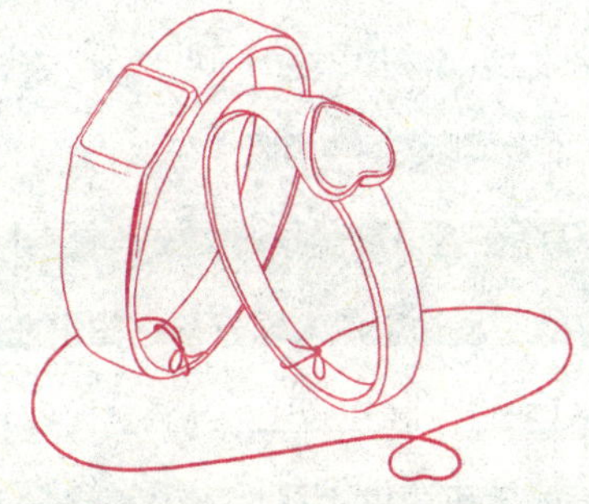

不完美的完美伴侣

这世界本没有完美，真正的完美，是对不完美的爱。

新加坡社区发展部曾拍摄过一则公益广告，主角是一位印度裔太太，内容是悼念她刚死去的华裔老公：

“今天我不打算在这里赞美我的丈夫，更不打算说他的任何优点，这些大家都听得多了。我想跟大家分享一些也许会令你们感到……不自在的事。就从他在床上的表现说起吧。你试过在早上开动汽车引擎吗？喏，大卫的打鼾声就那样。不过，这只是前奏。紧接着，他就会创造连绵不断的后部排气音效。有时大声得连他自己也会从梦中惊醒，还问：‘什么声音那么吵？’我总是说：‘是狗在吠，没事，睡吧！’感觉很好笑，对吧？当他病情开始恶化时，这些声音却成了对我的一种安慰，提醒着我，我的大卫还活着。如今我再也没有这熟悉的声音伴随入梦了。

“人生就是这样，携手一生，记忆最深的却是点点滴滴的不完美，凝聚成我们心中的完美。我衷心盼望，亲爱的孩子也能在漫长的人生道路上，找到一位像他们父亲一样不完美的完美伴侣。”

字里行间情深意切，真诚流露，让闻者动容——广告的主题竟然是不完美的完美伴侣!

年轻的朋友看到这样的标题不免产生怀疑，因为他们每每宣称要跟一个百分百的伴侣过一生，不完美谁想要？男人梦想的女朋友，既性感又贤惠，既温柔又漂亮，上得了厅堂下得了厨房，杀得了木马翻得了围墙，开得起好车买得起新房；而女人想找的男人则既英俊又多金，既豪迈又贴心，既潇洒又风趣，必须是人中吕布马中赤兔……除此以外，谁也别想让她心动。

完美，不过是痴人说梦，不过是你在心中给对方披上了神圣外衣。譬如大家都觉得黛玉诗情画意，多少男人爱慕林妹妹的仙女气质。别忘了，黛玉身患肺病，如果每天晚上她都在你枕边咳上半宿，多情的你会不会觉得厌烦？为什么新版《红楼梦》电视剧里黛玉裸死出镜，观众难以接受？正是因为沉浸在文字想象之中的我们坚信，真实的黛玉绝非如此。

对完美的超级渴望，让我们失去了接受不完美的能力，这实在是对完美的毒害。

美国有对老夫妻在一起快乐地生活了六十年，也就是常说的钻石婚。当记者问他们有什么相处秘籍时，老妇只说了一句话：我从年轻时就无法忍受老公喝汤时的“咕噜咕噜”声，认为那很没礼貌，可是，直到现在，老公喝汤还是很大声，但我们却走过了这么多年。

承认不完美，然后与不完美的爱人真心相爱，直到年华老去仍不离不弃。换句话说，世界上本没有完美，真正的完美，是对不完美的爱。

一次只给一颗糖

给得太多，你便没价值了。

读者小美向我讲述她的爱情苦恼：她本有个要好的男朋友，但后来遭遇男孩子挖墙脚。后来者几次三番地表白示好，她的防线终于瓦解。可是与旧爱分手投入新欢怀抱没多久，那个男孩子却无声无息地跑掉了。她始终想不通，为什么会这样呢？

在我看来，小美的困惑具有典型性——因为对恋爱太过投入，接受对方太快，导致对方觉得你没了矜持、一眼看破，就兴味索然了。

如果把谈恋爱比作给对方吃糖果，那到底一次该给几颗糖呢？

《“坏”女人有人爱》这本书里面提到个很有趣的话题：不要把整个糖果店都给他，应该每次只给他一颗糖！这个糖果店理论特别适合小女生的恋爱。小女生的恋爱本就像过家家，动机是出于好玩，既然是玩就要放慢脚步，一点一滴，一时一日，逐步吸引，循序渐进，直到最后让他欲罢不能。

当然，这种恋爱的进程是缓慢的，其威力是逐级叠加的，仿佛温水煮青蛙，一开始都没意识到，一旦套牢他就离不开你了。

糖果店理论是人性的充分反映，人对容易到手的东西往往不够珍惜。明明是物美价廉的优质商品，如果你免费赠送，对方可能怀疑你这是假冒伪劣。试想，要是一个男生必须辛苦打工若干年才能买一辆凯迪拉克，那他会视这车如生命；假使这“宝贝”是他老爸硬塞过来的，在他而言就是一件可有可无的代步工具——俄罗斯电影《黑色闪电》里的男主角就充分验证了这种心理。

恋爱等同此理，女生锁住心上人的方法只有两个：其一，你要有足够吸引他的地方；其二，你必须缓一缓，再答应他的追求。

再以发糖果为喻，一次一颗，然后加到两颗、三颗，转而又一次一颗……这样他就会心存盼望，时刻惦记：“明天她给我的糖会是几颗呢?”如果你把甜头一次性都预支出去，他反倒失去了抓耳挠腮期待惊喜的动力：“好没意思啊，她再也没糖果可给了!”

无论女人还是女生，恋爱中很容易犯的错就是一次把糖果全给对方。相对来说，这个理论小女生实施起来更具操作性，因为够小，所以不急，那就慢慢给吧，反正有时间。

一次一颗，记住哦!

永远同骑一匹马

生死与共，永远在“马上”。

有一对夫妻朋友最近闹得很不愉快，连 12 岁的女儿也被卷入冷战之中。

尽管公司距离家很近，但现在老公一周才回来一次，他宁愿跟同事打通宵麻将也不愿回家睡觉。老婆也是心生疲惫，除了偶尔骂骂男人自私，自己没什么实质性的改观。

遥想当年，这个没车没房的福建小伙儿，无可救药地爱上了深圳本地的姑娘。面对父母的竭力阻挠，姑娘义无反顾地选择了穷小子。经过多年的打拼，老公的事业蒸蒸日上，迈入了年薪四十万的阶层，老婆则心安理得地当起了全职太太。

在丈夫看来，自己年轻时没有根基，能娶到这样漂亮的女子夫复何求。可随着业务的不断发展，他应该有更崭新的目标……至于老婆，最初觉得这个男人踏实可靠，尽管一无所有，但懂得拼搏进取；随着男人事业进入稳定期，一度被遮盖的大男子主义累加性地暴露，以前勉强容忍的，现在却面目可憎。

归根结底，两个人之所以会在一起，是因为他们之间相互认同，一旦情况发生变化，固有的状态被打破了，就像天平的两端，重量不均就很难保持平衡。

村上春树在《1Q84》中有一个比喻：两个人的目的地不一样，却骑着同一匹马前行。某个地点以前，两人跑的是同一条道，可那以后就不知道了。爱情也如此，虽然以前的生活轨迹大不相同，但当你们相爱时，目标和愿景一样。后来，你们到了某一个节点，彼此有了不同的方向，于是就想朝着各自的方向奔去，再共骑一匹马就不可能了。

如果处理不当，那结局只能是劳燕分飞；倘若能同心协力，就可以找到共同的方向。也许是彼此的妥协，快乐着你的快乐，追逐着你的追逐；也可能是共同开辟的第三条道路，两个人就朝着崭新的方向继续前进。

要达到这一步需要双方的默契和配合。事实上，每段感情都会出现分岔路。分岔不可怕，可怕的是漠视现状或各自为战。既然已经决定同行，那就应该商讨，如何继续一路做伴。换句话说，你们可以选择永远共骑一匹马。

武侠小说里，情侣总会两人共乘一骑。并非马匹资源不足，而是不需要——情愿一生相伴同仇敌忾，其他的都是多余；而那些一人一马的，一般都会在某个路口分别，各自奔赴不同的道路和未来。

时间是最无情的“小三”

他讨厌你，不必生气，不必计较，因为人人都有这个时刻，因相熟而产生轻蔑。

沈三白第一次见芸娘就对母亲说：“若为儿择妇，非淑姊不娶。”后来，两人结婚，伉俪相伴，情深而浓，只可惜芸娘短命，不久就病逝了。于是，沈三白在《浮生六记》一书中无限深情地怀念亡妻，引得后世多少人感慨羡慕。

在苏州女作家朱文颖的《浮生》里，三白和芸娘的爱情却是另一种样子：三白要去仓米巷找房子，芸娘舍不得离开沧浪亭，所以三白看上的住宅，芸娘总说有狐狸，惹得三白非常厌烦。芸娘坚信街头馄饨铺里的汤用的是鸡汤汁而不是罂粟的壳与叶子，这一点三白也觉得她有点“滞意”，“而滞意的女人难免就有着怀旧的嫌疑了”。当芸娘再讲狐狸的时候，“三白皱皱眉头，心想，三天两头地老提狐狸干什么！芸娘什么时候也变得那样神神鬼鬼的呢？他们以前可是从来都不这样讲话的啊。再说，她当然知道自己是不会怕什么狐狸的，而离不离开沧浪亭、搬不搬到仓米巷去，又与狐狸有什么关系呢”。厌倦的心绪很明显。

小说描写三白听了年轻漂亮的王太太唱歌，饭毕又由女主人热情洋溢地送出门来，他瞥见了“王太太胸前的衣襟那里别了串肥白的茉莉，正随了王太太的笑声不住地抖动呢”。三白恍惚中说出了“王太太，你可真漂亮”。此句一出，就泄露了三白对芸娘的感情，他们已经到了“痒”的关头。

常言道，日久生情，实际上日久更容易产生厌倦。年与时驰，就总会有些东西流于平常，原先的爱慕没有了，激情和神秘消失了，只剩日常的琐碎与平庸。无论多么相爱的人，都难免萌生嫌弃的情绪；无论多么漂亮的女子，在审美疲劳之后，也挖掘不出半点美感。

爱人一旦钻进了牛角尖，处事不够开通开明开朗，就免不了矛盾重重。一个朋友总喜欢在家穿短裤，其夫人难以容忍。男的奇怪：“我在家里别人又看不见，就算被人看了也不吃亏，怕什么？”女的则反复强调：“你不怕丢人我还怕丢人呢！”于是，一对原本相爱的人闹得不可开交。至于那些不怎么相爱的人，只怕更容易心生厌烦吧，就像贾琏嫌弃生病的王熙凤。

有一点你不得不承认，时间是最无情的第三者，它能让所有的伴侣都产生隔膜和离心力。当然，有层隔膜也未必都是坏事，终究是个彼此修正的最佳契机。只要他心里还有你，他偶尔讨厌你一下，也没什么大不了的。

人人都有赏味期限

这世界，不是你厌倦了我，就是我厌倦了你，只不过是早一步与晚一步的区别！

日本人相信爱情，也能看透爱情。当然，这种看透不过是明了“爱有始便有终”的道理。爱情中断，也即赏味期结束了，通常他们不会特别难过。

所谓赏味期，就是一个人对另一个人吸引力的时间长度。打个比方，萝卜刚出土时鲜嫩、脆灵，一旦放久了，水分就会消失，变成糠心。水果也一样，苹果过了时限，自然光泽尽失口感发酸；至于香蕉，几天没见就变成黑麻子模样……食物过了赏味时限，便没了最初的品质；人过了赏味时限，则会完全失去吸引力。

孙楠和买红妹离婚，网上很多人痛斥“负心汉”，都觉得买红妹为孙楠放弃了事业，牺牲太多。在他们眼中，似乎对这场感情的结束，买红妹应该很伤心：失去了男人，流逝了青春，荒废了事业，能不难过悲伤？后来再看报道，竟然说最先背叛婚姻的竟是买红妹！我觉得是两个人都厌倦了，毕竟赏味期限是双方共有的。更直白一点的说法就是：别以为只是你看我不顺眼，其实我早就看你不顺眼了！

事实上，赏味期限已然越来越短。以前有七年之痒的说法，后来被压缩成了三年，甚至还有科学家证实，随着多巴胺浓度的降低，爱情只能存在 18 个月。“自从结婚后，相看总是厌”，这是网上一个男人的帖子标题。人已得手就没了新鲜，恐怕是男女的通病吧。

或许赏味期限连三个月都没有，为什么呢？因为，当你得到那个人时，感觉和味道已经不一样了，得手之前新鲜欲滴，拥有之后即刻折旧处理，哪还需要那么久的爱慕？

过了赏味期限的男女，也许相安无事，但绝对激情不再，此时艰难地维持关系，最是痛苦和煎熬，食之无味弃之可惜，只剩下身心俱疲。

赏味期限存在于任何男女之间，不管你们是认真的情侣、夫妻，还是只图享受的风流关系，早晚都会到那个期限。所以，如果想着赏味期限一到就刷新页面，实在有点不靠谱，因为你辛辛苦苦调换的那个，也许不久之后又过了赏味期限。

最合适的方法是，我们必须不断地学习与成长，让自己看起来每天都在进步，时刻都有新感觉，别人当然百看不厌了。

分开旅行，爱更甜蜜

暂隔增爱，久别望恩；离开一个人，然后他就会想念你！

刘若英在《分开旅行》里唱到：“我选择去洛杉矶，你一个人要飞向巴黎。尊重各自的决定，维持和平的爱情，相爱是一种习题，在自由和亲密中游移……”

相爱的人，如果能一起去世界上的某个角落，去无人打扰的世外桃源生活，当然会很惬意很甜蜜很幸福。可有时候，两个人一起旅行，会产生矛盾或不愉快，本来计划一路风景一路甜蜜，结果伤心郁闷而回，还不如分开旅行呢。

每个人都有自己中意的地方，对景致的喜爱也不尽相同，就算喜欢同一个城市、同一处风景，男女之间也会有不同的兴趣和目标。不能一致的时候，不要强求。此时如果分开旅行，反而是一种自由——不必亲密却可想念，不必紧跟却心中尾随，不必像监视器却能让他放手去做自己的事。“你不是一直说要去巴黎吗？”既然想去那就去啰，别管我，我有自己的心仪地段。

分开旅行，往往能体味不一样的感觉。就像前几日，本想跟女友一起去澳门，但因为有个临时采访任务，所以只能是我去澳门，她去香港。两个人分道扬镳，似乎有点遗憾，结果竟然是彼此都玩得非常开心。

我在威尼斯人度假村逍遥了两天，特意去参观亚洲成人展，一个人沉浸在情色的世界里，周围所及都是情趣产品——澳大利亚坏男孩、法国脱衣女郎、日本AV导演和女优……见了世面，长了知识。我知道，如果女友一起来，她肯定不太喜欢这些东西。同样，她跟女同事去香港逛街购物，自由自在，尽情开心。如果我陪她或是她陪我，都未必有我们这样愉悦的效果。

分开旅行，每个人都有一个自由的氛围。在陌生的环境里，你可以尽情地做自己，完全不用考虑对方的感受，不必处处迁就，自然会“乘兴而来，兴尽而去”。

与恋人同游固然有莫大的快乐，可自己单游、与陌生人的交往也另有一种快感，这两种经历只有角度差异，没有高下之分，分开旅行体味的同样是快乐。

当你发现一处独特美景之时，当你和新玩伴兴高采烈之际，不妨给恋人打个电话，告诉他，你正在做什么，你有什么样的感受和想法。你们分处两地，通过电话架起沟通的桥梁，你们彼此倾听，情思穿越万水千山，爱意跨过旅途遥远，你们感受对方的呼吸，那种氛围是不是更加融洽和浪漫？你甚至还可以在所到之处给爱人寄一张明信片，让他感觉一个人的旅行却是两个人相伴。

那份甜蜜，会通过彼此的心跳声融在一起，这真是让人兴奋的事啊！

骗骗更幸福

谎言未必都是毒药、砒霜，也有的是仙丹、蜜糖。

有个朋友，高考后迁户口，办证件的负责人恰好是他同学的妈妈，她自作主张将他的年龄写小两岁，他当时也没在意。从此，他就过上了“去年二十，今年十八”的幸福生活。

谈恋爱的时候，女孩子问他的年纪，他本想说“其实我比你大一岁”，但又怕解释不清，只好按身份证上的数字将错就错。每逢吵架拌嘴，女孩总是抱怨，当初真不该找个比自己小的……他每次想申辩，但一直没有鼓起勇气。

结婚两年，家里添了个宝贝女儿，日子越发幸福。朋友觉得没必要再隐瞒下去，就找了个机会向她坦白。本以为老婆会勃然大怒，没想到她却淡淡地说，大几岁小几岁有什么关系呢？我们现在不是挺好吗？

有一些女孩子特别偏激，在她们看来，男人必须百分百地诚实，哪怕是甜蜜的、善意的谎言，一旦被发现，她也会指责他是骗子，责备他说大话，进而吵闹甚至分手。其实，男人说谎并不可怕，关键是要分辨说谎的性质，如果是恶意的欺骗，当然不可原谅；反之，则不妨一笑而过。

很多年前，大学教授向我们传授他的骗妻法宝。原来，他每天起床都会跟老婆说一句："亲爱的，你今天好靓，比 18 岁时还俏丽！"聪颖如师母哪能不知道，流光容易把人抛，华发早生，还谈什么俏丽 18 岁？但是，女人就愿意听这样的谎言，只要老公说了，老婆就高兴，连带着一整天情绪都很饱满愉悦。这样的快乐日复一日，也自然甜蜜和谐地过了大半辈子。教授最后总结道：爱情中的谎言能让人更年轻，更健康。当时的我们懵懵懂懂不置可否，时隔多年，每个人都变得深有体会。

当然，有一些谎言是必须明令禁止的，甚至不能原谅。《恋爱通告》里，当宋晓青得知杜明汉隐瞒身份来追她时大为伤心："玩够了明星模特，又来戏弄普通女子？"一个人如此欺骗自己当然应该深恶痛绝。不过，本已离开的杜明汉最终折转回来，不顾一切地帮宋晓青父亲举办音乐会，她感到了他的真爱……如果杜明汉一去不复返，真的如传言说的只想玩她，那宋晓青绝对会伤心死，一辈子都不原谅他。

所以，有些谎言是毒药，有些谎言是仙丹，有些谎言如砒霜，有些谎言似蜜糖，究竟是哪一种，就要看说谎者的出发点和目的了。

如果他是由衷爱你替你着想，真的可以不必计较，但是对于骗财骗色骗感情的坏蛋，别手软，痛击之！

你喜欢不如他喜欢

如果爱情允许算计，对比一下，你喜欢他没他喜欢你划算。

有个男人追求苏珊，但被她发现，这家伙一边嚷着“想你想得睡不着”，一边还拉着别的女孩的手……现在，男人口口声声说已经痛改前非，还想跟她约会，苏珊不知道接下来自己该怎么做。

看她如此困扰，我问她进展到什么阶段了，她回答说连亲吻都没有过。于是建议她干脆放弃。可苏珊却强调：“那个男人就是我想找的那种类型哦！”我立即反问：“那你确定你是他要找的类型吗？”苏珊半晌无语。

你喜欢他，他也喜欢你，当然皆大欢喜。如果你喜欢他而他不喜欢你，你追求自己的意愿，到头来只会徒增苦恼。男人一般不会因为感动而爱，即使你化身为观世音，他也很难被教化。何况，男人在追求你的阶段就勾三搭四，婚后又会怎样？现在，你还年轻，青春貌美，他已呈现出不专一的迹象，一旦新鲜劲过了，他岂不是还要蹦出去拈花惹草?

珍妮也有类似遭遇：她认识了一个离异的男子，尽管不在一个城市，但彼此很聊得来，没错，这就是自己的蓝颜知己。他完全符合珍妮的择偶标准，珍妮也很想去关爱他，给他快乐。她开始主动追求这个男人，告诉他自己的联系方式，他从没联系过她，但是说过会来看她，珍妮不知道这话是真是假。

事实上，两个女孩子的困惑都一样：你以为你喜欢他，就可以飞蛾扑火、赴汤蹈火；你以为你爱他，不管他是否劈腿，不管他是否喜欢你，也不管他是否追你，你就可以全力以赴，那你就完全错了。

如果爱情允许算计，你喜欢他没有他喜欢你划算——你喜欢他，你可能永远得不到，就像夸父追日，又像西西弗推石头上山，推上去了又下来，做的都是无用功。虽然你体验了过程，但结果很苦涩，整体对比起来，你还是很辛酸的。他喜欢你就会尊重你，爱护你，疼爱你，你顶多是不够爱他，但最起码你会觉得，有个人对我这么好，人生一世也无他求了！

你喜欢他，他可以不在乎，你的喜欢是你的，他的风流成性还是他的，他又没让你喜欢他。他喜欢你则不一样，他不可以出轨，必须专心爱你，认真对待你，捧着你，护着你，迁就你……

也许你会说，我不在乎，我就要去追求自己喜欢的，但你要明白，女人说不在乎，事实上都很在乎，要么嘴硬不肯承认，要么没意识到，其实最后都想要一个好结局。现在奋不顾身了，一旦没有好的回报，最终都会失望的！

终究觉得你最好

世界上最好的爱人，不是身边的，而是没得到的。

“已是曾经沧海，即使百般煎熬，终究觉得你最好。”这是《一生爱你千百回》里的歌词，梅艳芳用深情向听众讲述了一连串容易被忽略的故事。

版本之一：男孩很爱自己的女朋友，但那个女孩子太娇纵自己了，脾气就像夏天的天气总是说变就变，男孩子常常不知所措，疲惫不堪。就在此时，他遇到另一个女孩，被她的善解人意吸引了。但是，没过多久，他发现还是喜欢原来的女孩，虽然她脾气不够好，但他还是决定回到她身边：“我发现我还是爱你！”

版本之二：他们青梅竹马，他没有钱，有时候连房租都交不起。她爱他，却不能忍受这样拮据的生活，终于在一个夜晚，她离开了他，投身于一个有钱的老男人。一段时间以后，她发现，老男人虽然有钱，压根就不爱她，只是把她当做解决寂寞的工具。她觉得还是贫穷的他好，她打算回到他的身边，她对他说："你能原谅我吗？"

版本之三：他们从大学开始就是恋人，毕业分手，天各一方。两个人却都没有再恋爱过，一直没有遇到更好的人；就算遇到了，彼此交往一段时间，发现还是不合适。似乎命中注定，某一日他们再度相逢，对彼此依然有感觉，这一发现让他们非常震惊，仿佛得到了天启，于是迅速复合。他们对彼此说："原来，我们当初就不该分开！"

版本之四：男人和女人都很优秀，有很多人追也有很多机会。没办法，不是我不够爱你，是诱惑太多，我们已经疲倦了，黯淡了。这时，第三者的出现使他们的关系受到挑战。可是，过了一段时间，你发现，他们又在一起了，经过上一次的冷战、分手，他们觉得彼此更离不开对方了。

终究觉得你最好。如果一个人对你这样说，那他一定是有过别恋，情海漂浮，历经千娇百媚，但他最爱的还是你，于是选择回头。这样的人，看够了世间的风景，领略了不同的风情，更知道自己到底需要什么——当他明白离不开你，那就是真爱了！

好马不吃回头草？千万别不好意思，他既然能够回头，说明他确实够爱你。更重要的是，这样的人，对花花世界已经看破，以后再遇到勾引，就没那么容易心动了。许多跟初恋结婚的人后来都会出轨，因为他们会想看看其他男人女人是什么样子的。但曾经爱过再次回归的男女，生活都很专一，这个对比足以说明这一切。

当一个人对你说“终究觉得你最好”时，你一定要给他留个机会，因为，他说的是真话。

外遇养心？

外遇养心？外遇更伤心！

有个朋友跟我说，他最近有了外遇。长期跟自己的爱人在一起，容易懈怠麻木，缺乏新鲜感，所以换了个年轻貌美的姑娘，感觉大不一样，相信对身心健康很有好处。

男人想出轨，真是什么理由都能想出来，比如，外遇养生。效果如何暂且不论，但就是有人勤于实践乐此不疲。

不仅男人，女人也有笃信外遇养生的。某个朋友与丈夫的生活到了瓶颈期，每天回家都默默无语，她也颇为苦恼，说已经不想再见到他了，每日里就只想着，如果能有个年轻的帅哥来约自己就好了。

另一个单身朋友，近来总是苦恼于没有年轻男人勾引自己。以前出去旅行，或在活动派对（Party）上，总有各类男人来搭讪，虽然不一定要迎合对方，但那种感觉还是很美妙，一是觉得自己年轻，二是觉得自己美丽，三是觉得自己有吸引力，四是觉得自己特别……如果在一大群女人中，男人偏偏向自己走来，那就更能让女伴们羡慕了；这样的搭讪约会多了，快乐就会持续，整个人也都特别年轻愉悦。

米兰·昆德拉的小说《人质》里的女主人公在海滩上，忽然发现没有人回头看她了，那种失落让她感到余下来的道路都迷茫了，没什么吸引力了。这个时候，如果男人对她青睐有加，她一定会恢复神采。

其实，女人的外遇许多时候都是心理上的，如果有人搭讪她，说明她还被人欣赏，还有魅力，这种证明足以让女人开心快乐很久，幸福青春许久。不过，有想法无可厚非，如果真要胡来，恐怕就不太合适了。就如女人喜欢看韩剧日剧，喜欢木村拓哉金城武宋承宪元彬，喜欢得不得了，但每天还是该干啥干啥，还是一样相夫教子，这就是成熟。真去国外找他们，杨丽娟一样死活让他们爱自己，那就不靠谱了。

遗憾的是，总有部分女人看不见问题的本质，幻想去获得一点荷尔蒙的刺激，却不料落得个身心俱伤，真是赔了尊严又折命。有这种想法的女人往往只看到树木，不见森林；只认为外遇可以调节生理需要，却不知，身与心乃是一体，不可分割的，尤其是对女人来说，身体出窍，灵魂痛苦，必然受到灵与肉分裂的煎熬。

而且，中医曾把人的养生分为养身、养气和养心三个境界，单纯的身体满足或许能调节身体，但因为女人是筑巢动物，女人的性与爱是不能分割的，她们出轨的时候往往会陷入羞愧与自责中，灵与肉撕扯，反而伤害了身体。身体养不了，气也岔了，心更紧张煎熬，甚至痛苦不堪。爱情荒废，精神荒芜了，哪来的养？

从这个意义上说，所谓外遇养生，对女人来说真的是扯淡，完全不靠谱。

分手的必修与选读

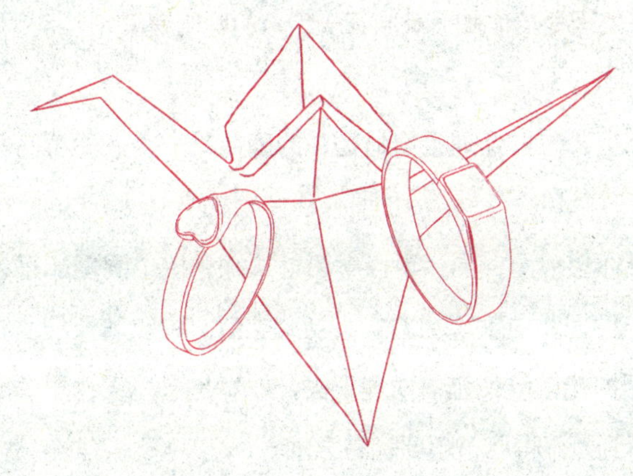

爱情信物的处理方式

怎样处理爱情信物，反映了一个人的聪明程度。

失恋后，怎样处理爱情信物，的确是对一个人的智商与情商的考量。

如果你想浪漫一点，可以学习林妹妹，挖个洞埋起来。我曾经介绍过一种埋葬白玫瑰的方式，与此类似。白玫瑰被埋后，可以化作春泥更护花，但失恋信物埋下去，就真是暴殄天物了。所以，这一方式不到万不得已，不要轻易尝试。

浪费和破坏已让人不忍，更何况，有的信物确实很贵很值钱，比如手表、包包、项链、iPad 等，很多人都舍不得毁掉。为了不再影响日后的生活，还是处理一下为妙。

电影《欲望都市》里有一个处理信物的方法：拍卖。将前任送的东西都拿去拍卖，这是对前任最大的报复和蔑视。采用这个方式，既保护了礼物，又拍得了金钱，真是两全其美；只是，普通人的爱情信物，恐怕没几个值得拍卖的吧？

当然，剧中还有一个细节：49 岁的萨曼莎终于决定离开她的男友了，离开前，她退下戒指，男友说留着吧，她说，好吧，以后我看到它就会想到你。

分手了，即使伤心，也不妨留着前任的一两件信物，偶尔睹物思人一番。这当然是理智之举，毕竟，分手有时是两个人和平的决定，可能思考了很久。此种情况下的分手是平静的，冷静的，友善的；心里已经没有那个人了，即使带着他送的礼物，也不会难过，放下了，也就不计较不敏感了。那就暂且留下吧，或许在重逢的时候，彼此还能重温一下昔日的美好。

如果你既不想扔，也不想拍卖，更不想放在家里让自己伤心，不妨找一家失恋信托小店，让其代为保管。你只需每个月付几块钱，就可以解决爱情信物存放的难题了。这样，哪天你不想存了还可以拿回来，你想它了还可以去看它，如果你想销毁它，也有人帮你专门料理。

或许自己舍不得，但通过信托小店却能很好地处理这些信物，也未尝不是一个好方法。

与其取悦，不如离开

道不同，不相为谋；气场不同，也不相爱。

彤彤的业务能力极强，可新任领导偏偏找个借口，把年终大奖颁给了业绩稍逊的同事。彤彤很受刺激，心凉了一半。第二年，抢走大奖的那位犯了严重的错误，让公司信誉蒙污，彤彤不由得踌躇满志暗地窃喜，这次年终大奖非我莫属了！结果，年终的时候，获奖者仍然是那个同事。

彤彤始终也想不通，为什么人家就深得领导欢心，以至于闯下了大祸都可以忽略不计？莫非是私下送礼了，还是领导自己吃了迷魂药？

一言以蔽之，人家关系处理得好。按照通常的观点，既然没得到上司的足够重视，就应该放下身份，努力钻研，认真改善，看看领导到底喜欢什么！

情场亦如是。你爱一个人，爱得死心塌地，你以为他会给予你同样的回报，结果你越爱他，他越不爱你；反倒是另一个人，你对他一点都不好，凶他、骂他、不干家务，甚至要他天天捧着宠着……可是他愿意，哪怕为你做牛做马他也愿意！

过来人总结说，你没爱到他的七寸上！是啊，你给的，不是他要的，你要继续努力，给他想要的，他才会深深迷恋你。

事实上，即使掐准了他的七寸，你也未必如愿收获他的爱。他要是喜欢你，早就来掐你的七寸了，他会主动取悦你，而不是等着你迎合他；他要中意你，他会来为你服务，而不是等着你伺候他。他爱你，你不付出他也爱你；他不爱你，付出一切他也视若无睹。而他之所以爱某一个人，不爱你，那大抵是因为他们气场相同，而你，是另一类人。

道不同，不相为谋；气场不同，也不相爱。就这么简单。你再努力，也很难挽回他的心。

所以我建议，想办法取悦并不可取，最好的方法就是离开。去大千世界找一个爱你的人，跟你气场相投的人，你根本不用费心取悦，你只需做你自己，他就会来爱你。比较一下，你就会喜欢这样的生活。

世界这么大，你一定可以找到爱自己的人！

深情又款款，终是求不得

求不得就是求不得，如果痴迷不悟永生追求，那估计受伤害的还是你。

佛家云：生、老、病、死、怨憎会、爱分离、求不得、五阴盛为人生八苦。其中生老病死是我等凡夫都必须经历的，后面的四项个体差异甚大，尤其是求不得，最是让人揪心。

《红楼梦》里也有几组求不得的故事，比如贾瑞发疯地迷上了王熙凤，不知道他是怎么想的——既没钱又不帅。按照周星驰的说法，爱是不需要理由的，贾瑞居然也这么理解。这一爱不要紧，结果竟被王熙凤害死了，人生最悲哀的事莫过于此。

红学家一直争论妙玉是否爱过宝玉，其实是爱的，你看她注视宝玉的神情、那忧郁沉默的眼神，似乎含着滔滔情水，马上就要溢出了。妙玉给黛玉和宝钗喝茶用的是一样的杯子，但给宝玉喝茶用的却是自己用的。宝玉被指派摘梅，妙玉说你进来吧，外头冷。如果不是芳心暗许，以妙玉这样冷淡清高的人会说这话吗？换做刘姥姥，哪怕死了她也不会多看一眼。当然，妙玉终究没得到爱的回应，在宝玉心里，她终究比不过林妹妹的。妙玉，对不起了……

还有宝钗。坦率地讲，如果身边有这样一位才貌双全情商极高的女孩子，想必绝大多数男同胞都会竭尽全力地展开追求的。可宝玉偏偏放不下黛玉，也只好辜负了宝姑娘的“另具一种妩媚风流”。尽管最后二人拜堂成亲，但彼时的宝玉已丧失灵性，不复有多情公子的柔肠了。宝钗不被爱已够悲哀，还要独自抚养孩子，无奈地当单亲妈妈。

娱乐圈里，也有两段求不得的故事——梅艳芳终生都爱着刘德华，可惜这段真情，最终因二人的性格不合而夭折。梅是豪爽之人，但豪爽也需要人爱，刘没有足够的自信来爱她；她为他还债，帮他打点难关，他常常会觉得伤了他男人的自尊，最终无缘。

另一段故事或许鲜为人知——黎明一直喜欢王菲，这大概是因为两人有些共同的经历和背景，更源于天后的才情独特。当然，王菲不爱黎明，不过黎大帅哥足够痴情，直到“锋菲恋”尘埃落定他还向王菲求爱，无果后才最终放弃。他甚至为了圆梦找王菲拍《大城小爱》，借着电影，虚拟地爱一场。

求不得之苦，不管你是什么人，只要有感情，只要有爱，都可能遭遇到。求不得也最折磨人，但无数的事实和血泪告诉我们，求不得就是求不得，如果痴迷不悟永生追求，那估计受伤害的还是你。

一万个不爱的理由

如果说爱有一千个理由，那不爱就有一万个理由。

总有女孩子向我倾诉：

他跟我说，我们没有共同的兴趣爱好，没有共同语言；

他很爱我，但他妈妈不接受我；

我觉得我们相处很好，他也觉得好，但他还是走了；

他说他很爱我，但无法给我想要的生活，所以选择离开；

也许我让他太辛苦了，他想过平静的生活；

我们在一起的时候也是很快乐的，他对我也很好；

……

尽管故事各异，却有一个共同点：对方已经表达了分手的意愿，但她们不相信，不肯信，更不愿意接受分手的现实。她们往往会强调：那个男人很爱我，只是自己不够好，让对方伤心了；或者是自己太好了，才让男朋友备感压力……正是这些千差万别的理由，导致了“相爱”的人不能在一起，所以，她要坚持，要挽回，要得到他，保护自己的爱情。

她紧紧地抓住，宛如抓住生命中的最后一根救命稻草；死死地攥牢，缠住他，让他迈不开离去的步伐；她甚至不惜一切代价，降低身份、人格、尊严，将自己贬低到尘埃里，就只为求他留下。总之，只要他能接纳她，她做什么都可以，可以容忍他有情人，甚至可以为他献身。爱到如此卑微、低贱，这还是爱吗？

她们通常都有自虐倾向，最喜欢说的那句话就是“我爱你，但与你无关”，真的无关吗？自以为很伟大，其实痴傻到家。

要知道，当一个人不爱你的时候，他无论如何都能找到借口，什么爱你但父母反对，什么怕不能给你舒适的生活……统统都是寻求脱身的说辞。这些借口很伪善，有时候还打着为你好的幌子，可中心思想只有两个字——不爱。

女孩子们，你们真应该拨开借口的外壳，看到里面不爱的内核！

如果说爱有一千种解释，那不爱就有一万个理由。之所以二者相差如此悬殊，是因为不爱就不在乎了，不在乎就可以随意编织任何理由——当然目的是打发你。就如亦舒说的，一个人不爱你，你活着是错，呼吸是错，死了也还是错。错这么多，不爱你的理由当然更不会少。

更为可怕的是，当他不爱你了，你为他付出得越多，他越不爱你；你越对他好，他越鄙视你；你越不需要回报，他越不在乎你的付出。

如果你执意表现得无怨无悔，他当然会享受，因为不需要回报嘛。这样爽的事，哪个自私的人不愿意?

你懂了吗?

感谢你生命中的坏蛋

感谢你生命中的坏蛋，切忌你也变成他那样的人。

某哥们前阵子交往了一个女孩子，二人珠联璧合甜甜蜜蜜，可当哥们想让关系更进一步的时候，她却死活不肯。哥们哪肯服输，山盟海誓外加物质诱惑，结果仍旧没得逞。再后来，几次突发事件带来的分歧，让哥们觉得她并不适合自己，于是提出了分手。结果女孩子的 MSN 签名变成了：一辈子都不原谅他!

哥们跑过去一问，果然，女孩子对他恨入骨髓。

也许，在女孩子的眼中，这哥们属于坏蛋，但他觉得很冤枉——分手与上床与否并不构成因果关系，自己是真心想谈恋爱啊!更何况他花不少钱来表明心迹，分手之际都没觉得吃亏，那女孩子怎么就觉得受伤了?

女孩子大都痛恨伤害过自己的人，有的甚至一辈子耿耿于怀。若是遇到偏执狂类型的，自然免不了打击报复，写检举信，去公司闹，发揭发帖，找黑社会教训……这类事件报刊上长篇累牍，身边也举目皆是。

憎恨伤害过你的旧情人是一种很消极的思想，貌似你修理了他，其实是在惩罚自己。一想起“负心汉”就闷闷不乐、咬牙切齿、歇斯底里，甚至打击报复，这都是发昏乃至愚蠢的行径——动用个人的资源，破费自己的财力、物力与精力，整个过程还要精心谋划，掩人耳目，这要浪费多少脑细胞？花如此多心血报复，还不如去寻找更合适的人。更何况，弄得他鼻青脸肿，当真会让你由衷释怀心花怒放？说不定将来会活在愧疚里，得不偿失。万一被对方发现，再反过来寻仇武斗，冤冤相报何时了？

每个女孩生命中都会遇到一些坏蛋：他们或许无意中伤害了你；或者是动机良好，却做了让你不能原谅的事；甚至只是一句玩笑一个动作，伤害了你的自尊心……事已至此，埋怨与惩罚也于事无补。该如何对待他们？在我看来，非但不应该憎恨、报复，还应该由衷感谢。

感谢生命中的坏蛋，你曾一度对他痴迷，但是当伤害发生，你必须清醒：原来他并不是你臆想中的王子，自己必须华丽转身，继续寻找下一个适合你的人。

感谢你生命中的坏蛋，他的伤害让你明白爱情并非只有美好，同样是机遇与风险并存。下次恋爱你会更加警惕，也会提高免疫力，经验增加日臻成熟，拥有了火眼金睛，以后谁都骗不了你。

感谢你生命中的坏蛋，他教会你如何提升自身魅力。结束一段糟糕的恋爱，却真正领悟了不断学习的要义。你会领悟，会参透，会在不同的场合中恰当地展现愈加完美的自己。

感谢你生命中的坏蛋，他让你明白了何谓放弃何谓珍惜。为了身边的好男人，你会克制怒火收敛脾气，如果对方当真值得付出，无论怎样的迁就和包容你都会欣然同意。

感谢你生命中的坏蛋，切忌你也变成他那样的人。

修好分手的学分

分手是一门学问，更是一种修养。

有个新闻专业的女孩子找我帮忙，要在报刊上发表文章。现在学校管理可不是一塌糊涂，而是宽进严出，她学分没有修完，还差一篇文章才能顺利毕业。

爱情是不是也应该实行学分制？男人和女人之间，达到多少分我才接受你？多少分才允许你碰我？又达到多少分我才答应嫁给你？

认识一个女孩子，尤其喜欢这种学分体系。在她看来，该举措不仅能督促男朋友上进，同时灌输了危机感——原来追到她并非一劳永逸。一旦表现不够到位，学分就会被相应扣除。想得高分吗？好好修炼就是！

同理推演，男人也可以给女人打分：不贤惠，不温柔，不够爱我关心我……这学分自然降低，直到不及格。其实很多人分手，都与没有修好恋爱这门课有关，这个项目的高分低能儿真不少。

恋爱的学分或许会引起很多人的重视，因为修炼不够，便得不到爱人的肯定、认可与接纳。可大家往往忽略了去修分手的学分。

或许我们都习惯了严进宽出，以为分手了，万事都可以撒手不管，无论做什么都没人前来干涉；更何况他已经不爱我了，还需要继续折腾吗？

当然要！你必须明确，这学分并非是为他而修，完全是为了自己。就像不认真学习、不全方面准备就毕不了业一样，分手的学分不够，难免会给彼此带来伤害，比如，辱骂，恐吓，殴打，泼硫酸，指责对方，说对方坏话，造谣诽谤，公布两人私密照片，敲诈勒索……这些行为都是不及格的！

台湾艺人范植伟，与王心凌分手 5 年之后，竟失心疯似的把二人的私密照公布出来。他甚至“有一点失望”地对公众讲，王心凌的第一次不是给他——当时王心凌 17 岁，言下之意是王心凌的少女时代放纵，私生活不检点。就算这一切都是男人的真心话，但却的确让人觉得下作恶心，丝毫没有抬升他在我们心目中的形象。

千万别以为分手了，一切都结束了，一切无所谓了，这学分还是要修的。分手快乐，做不了恋人还可以做朋友；就算以后不再往来，分手也该是平和的，没必要酿成鱼死网破的“杯具”。微笑着祝福，才算真正修完学分。

你的分手学分修得如何？不妨私下评测下！

不值得挽救的爱情

有些爱情不值得挽救，因为挽救后会更伤。

有个女孩子问我，男朋友喜欢上了别人，已经正式提出分手，能否帮她挽救爱情。对此，我只有一个答案：这种感情不值得挽救。

是的，自己曾经为许多濒临危机的爱情指点迷津，不过，现在我觉得有些感情索性由它去吧。比如，跟你相处了三年，最后却勾搭上你的闺密，这样的男人能要吗？他要走就让他走，留下来，说不定会闹出什么大乱子呢！

叶子爱上了自己的师兄。某天，师兄却对她说，我们缺乏共同语言，不如分手吧。事实上，他早有了别的女人，不过是拿蹩脚的借口敷衍而已。叶子舍不得曾经的付出，所以非常苦恼。于是，叶子四处向朋友请教，想讨一个能让他回心转意留住他的偏方。坦率地讲，他的心已经离开了你，就算你成功挽回，挽回的也只是他的人。若日后吵架，他可能会说，当初是你死皮赖脸缠着我的。

还有个月薪颇丰的女读者，男友一直当她是37摄氏度的ATM，毫不掩盖地在外面拈花惹草，甚至当她的面做与其他女人亲昵的动作，他曾多次要求分手，她竟然死活不肯。到后来，他直接带别的女人回家，她非但不生气，还给他们做饭，放洗澡水！按照她的逻辑，一切都可以用真心挽回，相信他一定会被感化。可是这种将你的尊严狠狠地践踏在脚底的家伙，挽回来又有何用？

对于那些习惯性出轨的男人，女人常常会警告：“你再这样我就要和你分手！”他也满口应承：“再不敢、再不会了！”但没过几天又故态复萌，这样的男人已出轨上瘾，无药可救了。

相反，有些爱情不挽回未免有点可惜，比如，本来就是老实人，从不胡来，也确实很爱自己的伴侣，但受外界诱惑，一时没控制住自己……这个时候，只要他认错态度诚恳，你就该给他一个机会。像《欲望城市》里米兰达的丈夫，那真的是他第一次荒唐，并且他还为这次错误付出了很大的代价。这个时候，女孩子不能太过任性，因为一旦你得理不饶他，这段感情也就很难挽回了。

所以，对于男人的出轨、错误、移情别恋等，女人一定要分辨清楚，哪些感情值得挽救，哪些人值得挽回；要是挽救错了，后悔都来不及！

告别旧爱，不留手尾

当你把心事锁进保险箱的时候，就意味着你已经决定不再看它，也就意味着慢慢遗忘了。

每个女孩都应该有一个保险箱，用来放置过去，封存前男友。你可以把涉及他的情节通通束之高阁，最好今生都不要打开，这样，你才能重新轻松上路，才能有余暇去关注其他人和事物。

芳芳的尴尬，或许很多女孩子都会遇到——跟前男友扯不清，分手半年被对方追缴钱财和礼物，还接到恐吓短信和骚扰电话，要求见面、复合……

女孩子之所以跟前男友藕断丝连，大都是因为心太软。只要那个“过去时”一求情，三言两语好话一说，她们就好了伤疤忘了痛，选择了原谅。还有的女生禁不住吹捧，只要前男友说一句“在我心中，你永远最美”，她们就忘乎所以，飘飘然又拾起了暧昧。

女人大都喜欢怀旧，希望可以保留一种温暖，所以她们喜欢跟前男友聊 MSN、QQ、电话，甚至以身“叙旧”。请记住，前男友是过去时，无论好与坏，都已经不属于自己了，不要把时光定格在过去的某个阶段、某个点，不要让过去跑到现在，影响当下。

在分手时告诉自己，关于他的所有一切都要放下了。钱财务必理清，礼物一定要扔掉或退还，电话、QQ、MSN等最好不要再联系，那些过去的短信、照片、信件或者之前拍的艳照通通销毁，否则，难保它们某天不会流落到你现任男友手上。

我很欣赏朋友兰兰的做法。前不久她跟男友分手了，分手后她发现，由于自己的任性才导致感情破裂，于是她想过复合，可最终也没有付诸行动："他有他的人生，我有我的旅程，前方总会有人在等候自己。"

旧梦不需记。莫文蔚在分手后没有四处哭诉，也没有过分沉溺于过去，她如此"处理"冯德伦：把自己的心当成一个保险箱，保险箱又有许多格子，把自己的心事、把过去都放到格子里，锁上，设置密码，不同的格子有不同的密码……

当你把心事锁进保险箱的时候，就意味着你已经决定不再看它，也就意味着慢慢遗忘了。

我是心平气和地离开你

失恋的时候，不妨给自己催眠，这样你会更快乐！

如果做一个分手话语调查，女人们说得最多的恐怕是："我分手了""我很难过""为什么会这样""我哪里对不起他"。

"我分手了"——不断地向人倾诉，见人就说，企图得到别人的同情，但是可怜兮兮的样子，却只得到了别人的鄙视，因为你把自己弄成了祥林嫂。要知道，分手再正常不过，就连超人克拉克都会被恋人甩，你的分手实在没什么好说的，翻来覆去陈述，惹人厌是肯定的。

"我很难过"——只会加重你的悲伤程度。不相信？记忆有强化功能，越是这样觉得，你就会越难过。你应该说："我不在乎，不就分个手吗?"说得多了也许你就真的不在乎了。

"为什么会这样"——问一百次也未必能问出个所以然。分手没有理由，他就是不爱你了，你还想要什么理由？反复自问，只会徒增烦恼。何况，要是他告诉你分手的真相是你不够清洁，或者你在床上太笨，你岂不是要气疯？分都已经分了，问那么多干吗？他说你不好，你就真的不好？大可不必在意。

“我哪里对不起他”——恋爱是一种游戏，他有不玩的权利；恋爱是一种合作，他也可以解约。他的离开并不是因为你对不起他，倒是他对不起你。就算你找到了对不起他的地方，也不必自责。他想走自然有想走的理由，未必跟你的对不起他有关系。

心理学家总结了一段话：“我从你那里接收到好东西，我为此感谢你。我也给过你好东西，对你的好，是我心甘情愿的，也请你收好。我们的分手，我会承担我的责任，也请你承担你自己的那一份。我是心平气和地离开你。”

中心思想其实就是感谢对方，不管曾经如何，不管他突然离开有多不厚道，你都应该心平气和，你要感谢他曾经给予过你的爱，感谢他照顾过你，更要感谢他给你的一切。当你反反复复、不断地将这句话念上二十遍，估计你就不会那么难过了。

默念对方的好，就像我们睡前默默数绵羊一样，1、2、3……到最后一切都模糊了，我们也就快睡着了。其实，催眠术也是采用的这样一个原理，当你反复说，“王力宏爱我王力宏爱我”的时候，你的注意力全都在王力宏身上了，他不“显现”才怪。

分手的朋友，不妨反复念叨对方的好，或者去请个催眠大师给你催眠下，相信你很快就能走出失恋的伤感。

错过的人会继续错过

错过的人就是不合适的人，再想回头，其实已是沧海桑田。

他们在雨中的街头相遇。当时，她站在瓢泼大雨中，在等路口的绿灯，但是，红灯变成绿灯似乎需要很长时间。他从后面走来，看她淋得狼狈，就给她撑起了伞。说心里话，他对她没任何目的，只是单纯地挡雨，甚至没完全看清她的长相。当他注意到她的脸时，内心不自觉地惊讶了一下：这女孩的皮肤怎么这么糟！

或许因为这街头的相遇太浪漫了，也可能两个人都寂寞，他们交往了。

他们有两个人的小甜蜜、小快乐，但更多的还是矛盾——他们总是吵架，吵得天翻地覆，裂痕也慢慢扩大，想修复很难。

但他们又总能在吵架之后和好，和好后再吵，反反复复，彼此伤害却又彼此依赖。不管吵得多厉害，他还是会想到她，或许是因为没有得到，心里不甘；而她，不管他什么时候约，总会出来，让他觉得，有这样一个听话的女人也不错，至少，不像其他女人那样，要小心侍奉。

他们到底还是分了；但偶尔还有联系，“如果找不到更合适的，那就还是他/她吧”。但是，两个彼此摧残过的灵魂，想要和好也没那么容易。有一天，他在忙，她在QQ上呼叫他，没得到及时回应，她就开始骂，十分恶毒，完全就是一个没教养的女人。他非常震惊，终于他决定，要将这个纠缠了很久的女人拉入黑名单。

每一对分开的人，都有分开的理由。换句话说，人们完全不必为分开难过。分开总是对的，就像这一对男女，他们虽然纠缠了那么久，但显然他们是不适合的——他们总在分开后复合，每次复合又为下一次的分开埋下伏笔，导致彻底的分开。

这就是缘分，强扭不得，亦缝补不得。它需要人们付出百分百的美好，需要的是彻底的好感，而不是那个人还行，那个人也不错。如果只是凑合，那爱还有什么意义？劣质的爱，无法支撑漫长的一生。

村上春树说：“迷失的人迷失了，相逢的人会再相逢”。相逢的人会再相逢，而错过的人，他们将一如既往地错过，因为他们身上有不能相融的气质。

他们将永远错过！

最后的谎言

分手是一场仪式，而谎言是这场仪式里最佳的台词。

分手那天，男人对女人说，我会永远记住你，也会来看你的；放心吧，虽然我们不在一起了，但我会把你当妹妹，会照顾你，什么事都可以找我……可是，男人并没像他说的那样时常来看她，反倒是换了手机号码，从人间蒸发。

一对情侣分手时，女生对男生说，不是我不爱你，是我想一个人过，我明白了，我还是适合一个人。可是，不久之后，女生就嫁人了。不知道她想起自己当初的不婚宣言，会不会脸红？这就是分手时的谎言，最后的谎言。

相爱时说谎，有的是情非得已，迫于某种原因，不想关系破裂；也有的是为了让对方更快乐，不想让对方伤心，少惹不必要的事端。人们愿意说善意的谎言，是因为还相爱，可是为什么分手时还要说谎呢？

有个女孩，分手的时候跟男朋友说：亲爱的，原谅我，我很爱你，但我不得不离开你。男人哭了，她说，不要哭，你是我认识的最坚强最有男子气概的人，你是不会哭的。其实，她正是觉得他软弱，生活中没有主见才离开的，方才的夸赞真的是超级大谎言，不过他挺开心的。

归根结底，人们分手时说谎，不过是为了走得更轻松，更潇洒，更宽容大度，看起来更像个好人。比如，明明是自己踹了对方，偏要说人家怎么好，说很爱他，只是缘分不够，上天不眷顾命运捉弄人；明明早想离开了，偏要表现得很留恋，又是拥抱又是落泪，其实已经心花怒放恨不得庆祝一番；明明打算以后不再相见，还要说，我会常来看你，以后多见面；明明不会再做朋友，却还满口声明，我们要做这世上最好的朋友……

最后的谎言，就是为了让自己的愧疚少一些，依恋少一些。如果自己平时对人家不够好，这个时候倒想好好表现，以免人家恨自己。或者树立一个宽容大方的形象，让人觉得他多么好，分手多么可惜，十年八年还惦记着他；其实分手是他主动提的，反过来倒把责任全推给了别人。

分手就像一场表演，大家都在比拼演技，有的人笨拙，演砸了；有的人是夸张表演，弄得啼笑皆非；有的人是本色出演，自然清新；有的人反面表演，平时好的，偏要坏；有的人是虚假表演，平时无赖，分手时却大度……

分手是一场仪式，而谎言是这场仪式里最佳的台词；想分手的你，不妨先学学分手谎言——最后的谎言！

女人一生的修炼秘籍

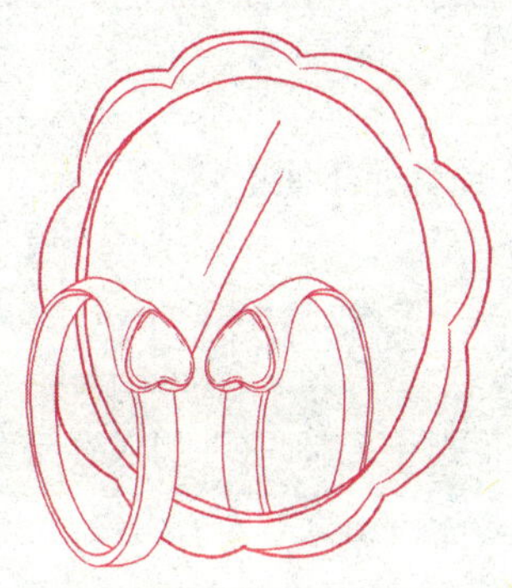

“爱不爱我”的追问

男人说爱，未必是爱；男人说不爱，未必就真是不爱。

“你爱不爱我？”女人禁不住追问。

……

“爱不爱我？！”

“你不觉得这个问题很无聊吗？”男人忍无可忍地嚷了一句。

闻听这类失望透顶的答案，女人往往甩头就走，没有那三个字的表白，怎么知道他是不是爱自己呢？于是，游戏结束。

没办法，女人对这个问题实在是太在意了。不仅寻常女子这样提问，张爱玲也问过，肥肥沈殿霞甚至时隔多年之后还要问郑少秋：“你到底有没有爱过我？”

男人说爱又怎样？我曾亲眼见证了一对恋人的对话：女孩子照

例提问，你爱不爱我。男人回答道："爱，当然爱，你化成灰，像轻烟一样飘走了，我也爱你。"要知道，男人很有技巧地回答，往往意味着太轻率。答案标准得像训练过一样，张口就来，这样的回复，女人会满意吗？

个别男人却偏偏摆出一副"爱你在心口难开"的架势，其实他很爱你，甚至到了可以为你赴汤蹈火的程度；但你非逼他讲出来，哪怕用"你不说我爱你，我就和你分手"来要挟，他还是一个闷葫芦。

所以，男人口口声声说爱，那未必是爱；反过来，男人不置可否，也可能已经爱你爱得死去活来。这个辩证法女人应该懂，也必须懂；否则，一遍一遍无休止地追问下去，男人能不烦吗？

想知道爱或不爱，根本就不需要提问！

一个男人与你长久相处耳鬓厮磨，你已经像熟悉自己一样熟悉他，怎么会不知道他爱不爱你？很多细节，很多方面，都可以考察出他的诚意，你还需要问吗？

一个人爱不爱你，是可以看出来、听出来、闻出来、触出来、嗅出来的，可以感觉出来、琢磨出来——压根不必去问。

再细化一点，一个人爱不爱你，可以通过他的眼神看出来，如果他足够痴迷地看你，那多半是爱了；还可以通过他注视你时的眉毛、眉头、鼻子甚至是嘴唇、耳朵等看出来，可以从他的手势里分辨出来，可以从他的叹息声里听出来，也可以从他的呼吸声里嗅出来……

一个男人到底爱不爱你，至少有超过一千个方法能判断出来，为什么还有那么多人爱问？

一方面是因为女人太傻太无聊，另一方面则是女人聪明过了头，自信过了头，以为男人一定会说爱，谁知道男人这么不给面子不肯说，真是让女人愤怒！

结婚后，自我缴械

女人最可悲的地方就是，自己先把自己给放低了。

一个朋友论述结婚前后女人身份的变化：“刚开始谈恋爱的时候，每次两个人去散步，女孩总在前面骄傲地蹦蹦跳跳，男人尾随其后；有时跑得太快，男人就在后面大声喊停，但女孩通常都不答理他。这个阶段的女孩，自由自在自高自大，并不依附于男人。结婚后再出来散步，女人紧紧地挽着男人的胳膊，男人则把另一只手闲闲地插在兜里，目光不耐烦地直视前方，捎带点沉默是金的神情。”

一前一后，女人的地位和姿态真是有天壤之别。

《围城》里，在去三闾大学的路上，孙柔嘉什么苦都能吃——吃的饭菜不卫生，住的地方有虱子，她没叫苦；路上还受了疼痛，但一点怨言都没有。她还有过两次壮举，一次是，当几个人被钱困得要疯的时候，高松年汇的钱因为缺少证件和公章无法从银行取出来，孙柔嘉发挥主观能动性，找了当地教育局的某女子开了个证明，才算取了钱解了围。

另一次，他们投宿一家小旅馆，房间不够，李梅亭等二人不肯将就，孙柔嘉便主动要求在方鸿渐和赵辛楣房间里打地铺。彼时，孙柔嘉的那种顾全大局、全然不顾小我的精神，那种干练毫不忸怩的性格，让人挺佩服的。

但是，结婚后呢？她完全变了。对方鸿渐斤斤计较，小心眼，易怒，也就是说，此时此刻的她有了依靠，便不想再伪装坚强，只想让方鸿渐照顾自己。只可惜，“克莱登大学的高材生”肩膀不够宽阔，让她觉得根本靠不住。

打个比方，女人在婚前是舒婷《致橡树》里的木棉，可以作为树与橡树站到一起。可结婚后，女人却变成了爬山虎，变成了藤萝，必须依附在坚物上才可以攀缘生长，缺少了一些独立性。

在许多女性心里，结婚就是要找一个依靠，要不然，为什么结婚呢？而一旦有了依靠，当然要充分利用啰。《色·戒》里，王佳芝明明是一个独立的个人，是个间谍，本来是要杀老易的，但她最后却放走了他，因为她觉得他爱她，因为她是女人，她在那一刻产生了想依赖他的感觉——虽然还没结婚。

不靠白不靠，话虽然这么说，但不能因为有了男人可依靠，就完全放弃了自主和独立。如果真放弃了，那就好比一场战役还没开始，你就呈现出缴械的姿态。女人婚后丧失自主与独立，无意于一种自动的投降！

找个新恋人证明你自己

懒人才念旧，勤奋的人都会投入一段新恋情。

三年前，小菲的前男友觉得她身材不好，赚钱又少，于是携一名奔放的女子而去；三年后，他们在城市的街心公园里偶遇，他得知小菲还没有新男友，又主动邀请她一起吃饭。

第一次赴约，前男友变得格外殷勤，恳切地说自己当年有眼无珠心太浮躁才会选择离开，现在打算重新展开追求，二人不妨再度成为男女朋友……

当年他离去的时候，小菲曾苦苦哀求过，期盼他能留下来，但他很绝情。她曾无数次辗转难眠，泪水打湿了枕头，心里有无数苦楚，却只能独自承受，好不容易心情恢复，他却鬼一样冒出来。

几次约会下来，的确还有一些心跳的感觉。尽管自己也想回避他几天，不接电话，拒绝再见，可又总是割舍不下，觉得他还不错，心软得一塌糊涂，不自觉地答应了下一次的邀请。朋友们都劝她，不要吃回头草，那小子依然是老样子，但她真的听不进去。

旧情人来找你，要不要接受?

有两个判断标准可供参考：其一，你是否依然爱他，如果心动的感觉还那么强烈，恨不得一生一世都跟他在一起，接受也无妨；其二，他是否曾对不起你，如果曾经让你尊严扫地，伤痕累累，最好不要选择接受。毕竟你心里会有过往的阴影，日后也免不了会联想起受伤的那个瞬间。

韩剧《个人趣向》里就有这样的情节，男主角终于觉察出旧情人的种种好，于是翻然醒悟再度追求……“与你重又相恋如大地初开”，在现实生活中并不容易演绎，成功的也大多是当初选择和平分手，或者出于某种误会暂时无法在一起的恋人。他们多年后重逢，擦出情感火花，产生了爱的交集，也实属正常；而那些过去有过不堪和纠结的，关系一般都很难再修复。或许永不再见，才能让自己快乐地生活。

接受旧情人其实是一种懒惰的行为——不肯去找新的感觉，不想谈新的恋爱，也没勇气去开辟新的疆土。当旧情人再度找上门来，不管对他有没有感觉，至少那些曾经的习惯还保留着，彼此还算了解对方，为了省时省力更省事，所以又回到熟悉的氛围里。当然，也有人是出于安全感的考虑，以为谈恋爱像出水痘一样，有过类似免疫之后就从此相安无事。

或许，另一种情况更为极端，旧情人再一次的殷勤表白，会让她获得成就感，从而陶醉在魅力大增的喜悦里。在《非常完美》里，章子怡扮演的苏菲打算用科学的方法把失去的恋人抢回来，出发点不是爱，是为了证明自己更有魅力。不过，世界这么大，想证明魅力为什么要靠一个伤害过自己的男人？

找一个新的伴侣，一个完全陌生的男人，让他义无反顾地爱上你，不是更能证明你的魅力吗？

演一场叫等待的小戏

让别人等待是一种傲慢，是对别人的一种不尊重。

有个男孩子，下班回家发现忘记带钥匙了，而女友又恰巧同闺密有约。“早点回来开门哦！”他给她打电话。她回答说：“好呀好呀。”可是从晚上 7 点、8 点，等到 9 点、10 点，直到午夜时分，陪伴他的只有这句“好了，快了，我马上到家了”。当她终于回来的时候，他们分手了。

谈恋爱的时候，似乎永远都是男人在等女人。而女人迟到的理由，也总显得更充分合理且必要，比如说，我总得洗澡化妆吹头发修指甲戴几件像样的首饰吧，我在找去年在澳门买的那件粉色的连衣裙……无论何时何地，女人总是要盛装亮相，她想以最绚丽的容颜出现在男人面前。女为悦己者容，这么做是对男人的重视。

身边有些女性告诉我，她们是故意让男人等的。女人都爱试探男人，她们把等待当成一块试金石——你爱我，就要等我，你等我就代表你在乎我！

可男人又是另一种领悟：如果你心疼我，便不会让我等这么久。等待的过程像末日的审判，甚至比审判还难熬。不要拿等待“操纵”男人，就像小孩把弄自己的玩具。等待容易让一个人移情别恋，你让我失落了，我对你就有了罅隙。

等待是一出独角戏。戏里，你会看见一个原本俊朗的男人，他先是很有激情、风度，然后开始变得坐卧不宁，接着你看见他在那里狂躁，徘徊，踱来踱去，不知道该做什么，该走还是留——他无法断定你几时到达。他不停地看表，终于没有了耐心，开始对你心生埋怨，怀疑你的诚意，进而浮想联翩，以为你出事了或不爱他了……你让他的信心降到谷底，你让他变得如此虚弱。

罗兰·巴特说：“让人等着，这是超越于世界所有权力之上的永恒的权威。”这种权威就是傲慢。好比开会的时候，最后一个来的总是领导；或者上流社会的派对（Party），最后来的永远是名气最大的一个，这是众所周知的傲慢。

有位绅士爱上了漂亮女孩，女孩说，如果你能在窗下等100天，我便嫁给你。不论刮风下雨，不论严寒酷暑，绅士都如约在那里守候着，女孩在窗帘后暗自高兴。转眼到了第99天，女孩很是感动，心想他果然禁得起考验，这样的男人值得自己托付终身，她甚至迫不及待地希望明天早点到来。就在此刻，绅士却转身离开了，他用99天证明了自己的诚意与痴情，用最后一天保留了尊严。

可见，等待只能当小游戏，不可以当检验重头戏。小游戏，可以让对方更加企盼你，这对爱情有益；而时间过久的大考验却会扼杀男人的坚强与信心，也扼杀了爱情——他等得连自我都虚弱了，还怎么爱你？

身体知道你爱谁

身体比灵魂深刻，只有身体热爱的人，灵魂才会爱。

小米最近遭遇了烦心事，她和男朋友订婚了，但前男友却又回来苦苦哀求她，说自己从前有眼不识金镶玉，以后会如何善待她保护她绝不辜负她……其实，前男友半年前刚刚不顾小米的挽留，执意奔赴别人的怀抱，曾一度让小米伤心欲绝，甚至自暴自弃。后来遇到了现任男友，一点一点抚平她的伤口，当他求婚的时候，她答应了。

如果那个负心汉不出现，小米肯定会嫁给现男友，但命运就是如此捉弄人：前男友又回来了，而小米对他仍有感觉，所以才这般进退维谷左右为难。

也许在许多人看来，小米应该义无反顾地选择现男友——现男友对她这么体贴，这年头好男人可不多了；二人都已经订婚了，就应该珍惜情缘继续携手；前男友曾经抛弃过自己，现在再回头，谁知道他安的什么心？但小米的选择却让周围所有的人都大为惊诧——和前男友重归旧好。对此，当事人只是轻描淡写地解释说，她的身体不会骗她，自己最爱的人还是前男友。

遵从身体，就是遵从心灵。身体的选择会比心灵的选择更准确，心灵会犯糊涂，还会考虑道德的问题，容易被吓住，但身体知道你最本真本能的趋势，不会像心灵那样容易被蒙蔽被迷惑。当举棋不定之时，你的身体会告诉你，你最爱的人是谁。

想通过身体判断你是否还爱一个人，最好的方法就是身体的浅表层次接触。肌肤直接可以做出判断，绝对不会像心灵那样经受太多的障碍。

身体会说话。当两个相爱的人会面，彼此会发出无声的语言，或者是喁喁细语，或者是热烈倾诉，但你能清楚地分辨出，他在表达什么。你能听懂他的肢体语言，就说明你还爱着他。

身体会呼吸。他的身体靠近你时，你们的喘息与心跳，都是那么同步，那么富有默契，彼此有着频率相似的均匀呼吸，你感到，那种气息正是你想要的。

身体还能发光、放电，就像闪电一样，身体给你释放出最强的电流，当彼此靠近，电流瞬间接通，整个世界为你们所点亮，相爱的心会更加渴望接近。

这就是身体释放的密码，身体能断定你到底爱的是谁，更能判断出你对谁最有感情。身体会送你一道光，让你找到另一道光——也就是你的真爱！

你只喜欢那一种味道吗

一个人会同时喜欢很多种味道，只是可能并不知道而已。

在电影《非诚勿扰》里，笑笑手执酒杯向秦奋摊牌："一见钟情不是你看上了我，或者我看上了你，不是看，是味道，一种让人深深迷恋的味道……"爱情开始的时候，确实存在着这么一种气味。

英国的一项研究表明，人们在挑选爱人时主要分两个步骤，一个是看那个人的面部特征，另一个则是选择气味。面部特征人们一般选择跟自己相似相近的人，但气味，一般选择跟自己完全不同的人。

研究人员共招募了92名女性志愿者和75名男性志愿者，让女性志愿者闻一下数位男性志愿者的衣服，挑选出最喜欢的味道，结果表明，女性愿意选择与自己气味相异的男性。气味相异能让人们增加对对方的好奇、着迷，别人的新鲜气味能吸引着你去追逐；而气味太相近了，人们就容易“审美疲劳”，无法看到对方身上特别的地方。

只是，你会永远只迷恋同一种气味吗？你会改变自己的气味倾向吗？

《非诚勿扰》里，笑笑最初迷恋的是方中信扮演的已婚男，却换不来期待中的名分。她在父母、朋友的劝告下跟秦奋相亲，决定让自己现实一点，即把自己的气味倾向改变一下。

她选择了秦奋，以为可以忘掉深爱的已婚男，但是，最后她发现她还是忘不了他的气味。于是，在北海道，她给秦奋写了一封信，自己就去投海了。当然，这部电影是喜剧片，导演不可能让她如此下场，而是安排她被救活、被感动，并在《非诚勿扰2》中最终接受了秦奋。也就是说，笑笑通过一系列修炼改变了她选择爱人时的气味。

我们之前迷恋的未必是适合自己的气味。正如有一件白色的衣服，虽然大家很喜欢它的款式、质地以及性价比，但穿在自己身上却并不好看。爱情也一样。

有个哥们，曾一度只爱慕才女，觉得她们真是不食人间烟火的一群人，浪漫、空灵、超脱、满脑子风花雪月，简直美极了，这才是世界上最旖旎的风光啊！现在的他只喜欢平实的女孩子——比才女更懂事，更容易相处。

少年的我，非常喜欢会撒娇的、风情无限的女生，因为觉得那才是男人的梦想，才能调动男人的征服欲；可现在的我只想找个能让自己省心的女子，她可以不漂亮，但一定要安静，不纠缠人，不撒泼，不无理取闹，这些都让我很向往。

可见，爱情的气味其实是可以改变的。很多人在选择结婚对象的时候找的都不是他们最初的梦想。

那些迷恋某种气味而又求不到甚至为此深深痛苦的人，或许可以从中获得启发吧。

道歉要矜贵

总是道歉的人，容易被看轻；反复道歉的人，容易被看扁！

你是不是经常道歉？

有些女生，总是太容易向男朋友屈服，生怕男生吃一点苦，受一点累，一旦他情绪上有丝毫不悦，女孩子就赶紧道歉。像约会来晚了，她要反复声明“不好意思”；说话大声了，她要郑重表示“对不起”……

道歉不是不好，只是，如果什么都道歉，太频繁地道歉，只会让男人觉得你总是做错事，这样留给他的印象就不太好，好像你一直没成熟，一向都幼稚。

道歉往往代表了认输，代表了承认错误，所以道歉的一方总是处于下风，也免不了低眉顺目低声下气。经常表示歉意的女孩子，让男人觉得她习惯屈服，承受不起压力，甚至容易放下自尊。通常情况下，男人并不喜欢这种类型。

经常道歉会形成惯性，以后，无论你出现任何小错误，他都希望你向他道歉，因为你已经习惯了道歉，你若忽略或拒绝，他总觉得少了什么似的。

对女人来说，道歉是矜贵的。

我们看《红楼梦》，总是宝玉在道歉，总是宝玉在哄黛玉，总是宝玉赔不是。你可见过黛玉经常向宝玉赔不是了？林妹妹不轻易道歉，一是确实没说出什么冒失话，没做错什么事；二是，这也是维护女孩子尊严和名誉的一个策略。

《红楼梦》里，黛玉只道过一次歉。那次，她随口说了句：“你死了倒不值什么，只是丢下了什么金，又是什么麒麟，可怎么样呢？”这一说宝玉就急了，因为他自觉对黛玉是真心，认为黛玉也明白他的情意，黛玉这样说，他觉得黛玉误解了他，因此反问：“你还说这话，到底是咒我还是气我呢?”黛玉其实知道他对自己的真心，这样的话只是随口说说的，当看到他如此这般在意，她也就知道了，他是真的生气了。于是，黛玉笑道：“你别着急，我原说错了。这有什么的，筋都暴起来，急得一脸汗!”

这话就像说，我错怪你了。只是我错怪了，还不是“对不起，我不该错怪你”。

这是黛玉第一次向宝玉道歉，而且，还是笑着说，这没什么，你还真生气了，你看你多小气啊。道歉之余，也不忘揶揄对方一下，好像自己没错，只是因为对方太介意了。

女生不仅要学黛玉不轻易道歉，还可以制订一个游戏法则：“你的错是你的，我的错也是你的!”尤其是对深爱你的男人，让他永远珍惜你，维护你，只有他向你道歉，而不会出现你向他道歉——当然，前提是你不能故意刁难人家还让人家向你道歉。

用美好青春，换一个老伴

少年夫妻老来伴，我们所有的努力都是为了年老时有一个知心的老伴。

“我们刚在一起的时候，他连衣服都不会搭配，土得掉渣儿，更别提什么谈吐优雅了，常常气得我要死。好不容易各方面条件都优越了，这小子却扭头离去……唉，我连学校都不如，他毕业了，这学费都捞不着！”

由于工作的缘故，总会接触到这类的抱怨。似乎挺有道理的，但凭什么把人家此刻的成就，都说成是你一己之力教育改造的结果？那些“善于学习、悟性高”的优点都被你一笔抹杀了？更何况，当初选择跟他，也一定是看到了他身上的潜质和优点，你又从中学到了多少？

前几天，有个女性朋友说了一个女人中流行的男女配对法则：女孩对应半成品男人，女人对应成品男人，女王或泼妇则对应精品或残次品男人。

这个法则显示：女人一旦把男人从半成品培养成成品、精品，男人就跑了；成了精品的男人都找女王或泼妇去了。这个世界女王和泼妇都很少，所以，最终吃亏的就是那些素质还不错的女人，也就是大多数女人。

果真是这样吗？男人的成长期比女人晚，特别是在穿着修饰方面要比女人差。当女人遇到男人的时候，她觉得对方情商低、品位低，可是，那只是暂时的。男人通过后天的努力，当然会让自己日益成熟。有研究表明，女人一旦结婚，情感和心智就基本停留在原先的水平，而男人则可以继续前进。真实情况是这样的：开始，男人不行；后来，女人不行。如果女人也一直进步，那男人跟女人就会共同前行；一旦女人停滞不前，那男人为了继续前行，只好找一个更好的伴——异路同行。女人以为男人变心了，其实不是他变了，是你跟不上了。道不同不相为谋，离婚也是自然的了。

有女人还根据男女的对应法则，得出解决之道：女孩配成品男人，女人配精品男人，女王则配钻石级男人……男人永远比女人高一个级别，不用教导培养男人，就算男人离开了，自己也不吃亏啊。

只是，都这样按法则去找伴侣，累不累？在我看来，无论男人女人，都需要进阶，都想通过恋爱或婚姻让自己得到提升，没有人愿意找一个远远低于自己的人，把自己往下拉，除非是傻子，才甘愿走下坡路。

爱还是不爱，选一个什么样的伴侣，还是要看两个人是否合拍。当然，最好的情况是，两个人都很优秀，可以彼此提升；男人发达了也不嫌弃女人，女人腾飞了也不辜负男人，世间男女如此平静，该减少多少悲剧？只是，这基本是幻想。

用心去爱，不管他（她）是不是你想找的那个阶梯的人；用心去对待，才可以有未来，这不存在什么亏不亏，因为，你所要的，正是老了的时候有个人陪伴，不是吗？

在爱里，念旧并非美德

在新欢的怀里念着旧爱，是一种不厚道的表现。

有个女孩子，一直很想念曾经的男朋友，那个男人特别地温柔体贴。可是，那次分手是她主动提出来的，纵然现在万般不舍，也不好意思回去找人家，只能放弃。

后来，女孩子又恋爱了，对方并不是她理想中的男生，但是他很爱她，缠着她，她也就接受了。在交往过程中，新男友难免会暴露出一些缺点，而女孩也忽略了“人无完人”的训诫，总把“你真不是我要找的，算了，我们分开吧”挂在嘴边。更为过火的是，她还补充一句说：“当初那么好的人我都没要，真是太傻了……”

新男友觉得心里特别不是滋味，面色阴沉地说：“你既然觉得人家好，那就回去找人家啊!”

“可惜人家已经结婚了！唉，我以后谁也不找了，就自己过吧……”言语之间透露着对过去时光的怀念。

已经开始了一份新恋情，心还指向那过去的人，这种念旧，只会让现在的人不舒服。你不够尊重他，你对过去的怀念让他觉得你在否定他，他没能取代你心中某个人的位置，没能赶走他的影子，既悲哀又失败，换成是你，你会怎么想?

甚至还有人对念旧振振有词：“喏，你确实没人家好嘛，当初人家怎样怎样……”虽然你说的可能是真的，听的人心里却打翻了五味瓶，难以形容。

让人遗憾的是，很多人都喜欢念旧，尤其是对初恋欲罢不能，比如影视剧里好多人都对初恋耿耿于怀，十年八年过去了，孩子都上小学了，还觉得初恋最美好，真是糊涂。还有人是念那个曾经对自己最好的人，觉得现在的爱人不够完美，躺在新人的床上，却想着旧人的好，真真是过分了点。这两种念旧，不仅容易让人对现状、现任产生不满，更是一种伤害，应该摒弃才是。

人都有情感误区，那就是喜欢在一段恋情过去之后，赶紧投入下一场恋情，美其名曰“为了忘记”，可你真的能忘得那么快吗？故事的结局往往是，在欢愉的时刻还闪过旧爱的阴影，弄得精神分裂。最好的方法是自己先安静一阵子，等处理好旧情以后才开始新的约会，这样，自己冷静，对别人也公平。

有个朋友就是这方面的表率。她失恋后，有两年多没开始新的感情。她说，如果在没忘怀旧人之前投入新的感情，大都是想借新人疗伤，到底是否适合自己，有时会不够清楚。她在跟过去告别之后才投身新生活，这种做法真的值得提倡。

总有一个办法让你结婚

无论什么原因，能过来求婚总是好的。

作为一个70后青年才俊，小山是绝对的不婚主义者，恋爱长跑多年，依然不肯迈进婚姻的殿堂。在他看来，自己没有结婚的冲动。为父母？父母都很开明，似乎没有这方面的压力。为人生完整？谁说没婚姻人生就是残缺的？为了生理需要？自己已经有了非常相好的女朋友啊……

小山的女友在福州经营着一家小店，平时给电视台做嘉宾主持，也给女性杂志写点时尚文字。因为看过太多的爱恨情仇，也将男人心探求得相当透彻，始终没像许多女性一样一冲动就把自己嫁了。

这样的两个人，想要结婚，还真不容易。

但两个人对爱情倒是忠诚，多年来，他们都始终是对方的唯一恋人，对此他们彼此高度认可。只不过，这种状态一年两年还可以，可拖个五年六年、七年八载的，总让人觉得不妥，以至于别人都觉得这段感情没戏了。可就在大家都觉得二人时刻会分开的临界点，他们却忽然结婚了！

在一个没征兆的黄昏，他掏出戒指单膝跪地，原来一切都这么简单！

问其原因，他们总结说是病中感悟。女友生病时，同病房的女子都有男人来服侍，端茶倒水，喂药送汤，而她却要由年迈的母亲照顾，母亲本来身体就不好，如果有一个人在身边，就不用让母亲这么辛苦了吧？而他也始终觉得，生病的时候自己特别脆弱，从而更能体会到“妻子”和“女朋友”这两个名词之间的细微差别。

你看，只要想结婚，理由总能找得到。哪怕那个理由是从个人的角度出发，哪怕是希望有一次贴心的照顾，但只要能走进婚姻殿堂，有什么不可以？

人在年轻的时候，总以为自己无所不能，可以解决一切麻烦，战胜一切困难。比如，房子可以自己买，灯泡坏了可以自己换，女权主义者甚至连孩子都可以不靠男人生。只是，当你的孩子慢慢长大，偶尔问起爸爸是谁，你如何用自己当初的选择说服他？为了避免尴尬，还是跟相爱的人按部就班地生活吧。

事实上，有很多不婚主义者，最后都会义无反顾地走进曾经竭力排斥过的围城。促成观念转变的外在因素有很多，但关键还是自己想通了——两个人在一起即使有千般不好，也强过一个人孤寂。

婚姻需要两个人的经营，所以可以是爱情的坟墓，也可以是幸福的天堂。

爱是一支华丽的双人舞

女人太狠，难以站稳

虽然有时候为了保护自己的地位，可以下点狠心，但太狠了，却会走向反面。

章子怡出演过许多狠角色。《卧虎藏龙》里，她扮演的玉娇龙将这种狠劲发挥到极致，手持青冥剑大闹江湖，只可惜李慕白喜欢的是俞秀莲的平静平和；《英雄》里如月还在为自己的地位挣扎奋斗，所以，她还是敌不过境界超脱的飞雪；《夜宴》里的婉后，狠毒得近乎人格扭曲，以为一切都在自己的掌控中，却失去了曾经的一切，而周迅饰演的青女，则因为善良、柔弱和牺牲，最终赢得了吴彦祖所饰演的无鸾的爱。

女人太狠，男人往往心存顾虑，怕你将来算计他。想必他已经明白，既然你会对其他人痛下杀手，有朝一日，也同样可以这样对待他，还是先躲开了为妙。

女人太狠，往往也失去了温柔。所有的心思都花在了一己之利上，小女子的心思和情绪就寥落了，很难打动男人。王熙凤平时严把财务关，贾琏想花点钱都得经过她同意。至于生理方面，更是时刻提防他偷吃，绝不姑息。如果说王熙凤弄死贾瑞是为了自保，那残害尤二姐就有点过火了。在如今的年代，尤二姐算“小三”，但即使“小三”有错，也不至于赔上性命，但王熙凤却借秋桐之手逼死了她。贾琏知道实情后，甚至要把她押送官府，可见，他多恨狠毒的女人。

当一个女人为了保护自己而不惜伤害他人时，她的男人都会寒心的。王熙凤病倒，贾琏半点怜惜之心都没有，反倒是乖顺的平儿深得他敬佩。

从男人的立场来看，几乎都不大喜欢狠字当头的女人。而在相处过程中，无论手段还是心肠，太狠的女人也总是让男人感到恐惧的。

我认识一个女孩子，平时看起来斯斯文文，可一旦跟男朋友吵起架来，总免不了拳打脚踢，下手很重。有一次话不投机，她居然拿起手机就往男友的头上丢，硬生生地把男友的头砸出了个大洞……虽然打是亲骂是爱，但也仅限于调情，要不然男人真的会吓跑。

女人以善良和温柔为美，虽然有时候为了保护自己的地位不妨下点狠心，但凡事过犹不及，太狠的动作往往让自己更难以立足，还望三思。

跟爱人撒欢

真正爱你的人，一定能容忍你撒欢，他可以给你很多空间，让你畅快地游乐、游玩和游戏，让你彻底地放松身心。

一块大草地，阳光明媚而柔和地照耀着，男孩女孩正在追逐嬉闹，“你来呀，快啊，追上我啊”“你等着我”“看你还能跑到哪里”……欢声笑语在春天的空气中久久回荡。

这真是一幅很纯真很清新的画面，脑海里不由得浮现出一个词：撒欢。记得老舍在《骆驼祥子》里说：“小孩有的躺在院中便睡去，有的到街上去撒欢。”是啊，撒欢不就是这样兴奋得连跑带跳吗？

小时候在乡下，我经常去田地里，割草、放羊，都会在那儿玩耍一阵子。通常到一片垡子地（我们乡下头年冬天犁好而没有种麦子或油菜的田地，第二年春天种红薯或者早玉米），到了时节，春风解冻，土壤都酥软、蓬松，一捧一大把，很温润细致，就像捧着一把温暖的白沙，非常可爱的感觉。

我们在垡子地里挖战壕，盖小房。最常做的游戏，就是打闹。我们把碎土或者筐里的草，一抓一把，往伙伴身上撒，我们互相追着，跑着，打闹着，玩得多开心啊。

常常思念那些年少的时光，那种在田野自由撒欢的场景。当我变成了一个矜持的大男孩之后，再没领略过曾经的畅快。多年以后，我终于摆脱了矜持和羞涩，摆脱因为胆怯而带来的唯唯诺诺、亦步亦趋，自己大胆起来，开始对女孩子嬉皮笑脸，但是，最好的年华已经过去了。

撒欢要在少年时：两小无猜的伙伴，青梅竹马或者那种少年恋人，他们真的没有特别多的心思，在一起全都是快乐的感觉。大学也是一个人情感经历的重要时期，可惜那个时候也只有少部分人能领略到撒欢的真谛。

曾看过一则广告，“让我们一起到××撒欢儿”，充满了创意、时尚和活力。尤其是“撒欢儿”的组成，选择了男孩子女孩子互相追逐的画面，银铃般的笑声，洋溢着青春的气息。

撒欢要和最爱的人在一起，只有在他跟前，你才能放下矜持、伪装和骄傲，快乐地做神仙。你们在一起没有争吵，没有横眉冷对，有的只是荡漾的笑声，互相撒娇、推推搡搡，毫不做作，绝对是真情所致。

我怀念那可以撒欢的年代。人世间最开心的事，莫过于撒欢了，因为那时你可以忘掉一切烦扰，尽情投入。

跟爱人一起撒欢，那将是多么幸福的事啊！

主动出击，打造浪漫

自己打造的浪漫才更贴近自己的心思。

常听许多女子抱怨自己的男友或老公不浪漫，由此引发的分手甚至离婚现象也不在少数。

女人离不开浪漫，就如同生存离不开阳光、空气和水一样。只是长久以来，她们似乎忽略了一个问题：当男人不够浪漫的时候，自己是不是可以主动出击，打造一份浪漫呢？

美女小C，她的男友公务繁忙，所以，他们之间的惊喜与甜蜜常常都是小C自己主动经营的。她喜欢烹饪，总是给男友做各式菜肴，偶尔还会亲自把爱心便当送到男友的公司。因为口味很好，所以男友的同事们都对小C赞不绝口。

其实浪漫源自生活本身，只需变通一下思想，美妙的感觉就会萌发。有一个周末，在外地出差的小C给男友打来电话，说自己明天上午才下火车，叮嘱他不用接站。男友刚挂断电话，正满怀期待地收拾房间，等待第二天的会面，小C却像变魔术一样出现在他的门口——原来她调整了行程，将车票换成了机票。对男友而言，那一刻真是又吃惊又兴奋。

当然，浪漫不是浪费的代名词。有时候，小小的经济投入，也能打造出大大的浪漫。比如，男友过生日的时候，小C被临时借调去国外，她安排了花店的女孩子，捧着一大束玫瑰来到男友公司楼下高喊："李××，美丽的小C祝你生日快乐!"这种罕见的示爱方式，让男友觉得倍儿有面子。

其实，浪漫有时候就是一起做点出格的事。比如，毛毛的男友有次出门没有带交通卡和钱包。两个人密谋着，怎么才能蒙混过去呢？毛毛说，要不你紧跟着我，我带你逃票吧。男友只能顺从。上车后，两个人谨小慎微地，生怕被人发现了丢面子；当到达目的地后，他们两个都开心地笑了。事实上，毛毛早趁男友不注意的时候，偷偷投了两枚硬币，她只是想让自己和男友做一次坏事，体验一下那紧张的感觉。

浪漫，无处不在，无时不在。仔细地想一想吧，不必等着男人来安排，也不必抱怨，你自己完全可以主动出击，打造浪漫。请相信，自己的创意往往让浪漫来得更加强烈。

你陪他有多少

爱不一定是他给你多少钱，而是他花多少时间陪你。

一个女孩子跟男友分手，可他想不通自己对女朋友那么好，怎么会要分手呢？自己多疼她啊，把她当最亲的人，认可她，要娶她……

女孩子说："你从来没陪我玩过，没陪我逛过街，不陪我看电影。刚认识半年你就这样，结婚后还不定什么样呢！"

男孩子恍然大悟。是啊，平日里忙工作，忙业务，忙赚钱；今天说下班后陪女朋友逛街，下了班又加班，明天说下了班陪女朋友看电影，结果又要应酬客户……尽管她嘴上说不在乎一时的陪伴，可分手的"惩罚"仍是不可避免。

黄维仁在《活在爱中的秘诀》里说过："一个人可以非常重视食物，吃得健康、锻炼身体、早睡、戒烟、戒酒……但所有这些东西加起来的总和，都不如人与人之间有意义的爱的连接所带来的好处。"在我看来，"有意义的爱的连接"指的恰恰是陪伴。

美国得克萨斯州的汤姆·奥克斯曼博士做过一个著名的课题，预测那些动了手术的心脏病人，哪些恢复得快，哪些无法存活。他发现用两个很简单的问题就可以区分这两群人：第一个就是，你跟你身边的人有没有规律性的有意义的爱的连接；第二个是，你有没有从宗教信仰上得到安慰与力量。有人陪伴又有信仰的人，心脏手术后的死亡率只有3%，反之术后死亡率高达21%。

另一个更有说服力的实验是，研究者曾经给条件差不多的两拨人通过鼻孔喷剂注入感冒病菌，身边有人陪伴的人的发病几率比孤单者低4倍。科学的解释是，有人陪伴的人，自身会产生一种抗压力的缓冲带，帮助人在高压下降低身体中的一种叫做皮质醇的压力荷尔蒙，而且能增强人的免疫力。可见，我们是多么需要爱人的陪伴。

曾经看过一组漫画，最初，男人不陪女人，女人只是烦躁；一段时间后，女人开始忧伤；再过一段时间，女人面黄肌瘦；最后，女人开始冷淡；最后的最后是一句话：“你和工作恋爱吧，我走了！”也就是说，如果一个男人始终不肯陪伴自己的女人，那他的女人也就可能成为别人的女人了。反过来，如果一个女人始终都不肯陪伴她的男人，她的男人也会跑的。

香港地铁站有句广告语：“礼物就像男朋友陪我的时间一样，是越多越好的！”赶紧行动去吧，否则，他（她）真的有可能成为别人的爱人哦！

想带你去我的小时候

让他爱上过去的你，是为了让他更爱现在的你。

不知道你是否有这样的感觉？

谈恋爱的时候，特别喜欢向对方讲你小时候的趣事。大概是因为隔着一段遥远的时光，回头看去，曾经的荒唐事听起来也会特别有趣，尤其是在喜欢你的人听来，真是无比地向往。只可惜，他没能陪你度过那段遥远的时光。

恋人都喜欢问对方小时候的事。也许是某个悠闲的下午，也许是某个温柔的夜晚，对方忍不住问你："哎，给我说说你小时候的事吧！"你兴致勃勃，仿佛滔滔江水绵延不绝。

通过对童年的追忆，可以知道他的成长背景，判断他的脾气秉性。有时候，我们甚至想幻化成一只蝴蝶，穿越了时光，去到他的小时候，与他一起经历那些有趣的傻事。聪明的女生，如果他愿意多了解你，他一定会愿意回到你的小时候；当他听到了那些让人忍俊不禁的过往，他一定会更加爱你。

豆瓣上有一个"想带你去我的小时候"小组，发创词说：

“我想带你去我的小时候 / 那里不远也不大 / 仅够两人容身 / 虽然我小得像马铃薯 / 但攒了很多的秘密 /……我带你去吃榆钱捋槐花/ 翻过的红薯地里再捡些漏网之“鱼” / 秋天的老鼠洞里总是储满玉米和小豆 / 我从来不惊动它们 / 嘘，妈妈不知道 / 这是我俩的秘密……/ 我想带你去我的小时候 / 真的 / 和你的纯净相比 / 那是我唯一拿得出手的东西。”

小时候肯定是回不去了，不过，带他去你小时候生活过的地方，让他想象你或娇憨可爱或精灵古怪的往昔，这该是多么浪漫的行为啊。

话说，一个人小时候的生活也决定了他的现在。去你小时候待过的地方，会更加了解你，看你看过的风景，吃你爱过的美食，看你的爷爷奶奶、外公外婆，这些人情故事都是你的一部分，已经融化在你的血液里，成长为今天的你。

带他去你小时候生活过的地方，让他了解你爱的人和爱你的人，让他了解你的欢乐与悲伤，让他知道你生活的点点滴滴，你的安静，你的疯闹，你的乖巧，你的傻。甜的，痛的，苦的，这些都是过去的你，他爱上过去的你，也会更加热爱今天的你。

如果你想更进一步，你还可以带他去你读过书的学校，在你们的大学校园里，跟他讲述你当年的青春故事，他一定会带着十二分的好奇，并遗憾为什么没有早早认识你。带他去你生活过的地方，像个导游，告诉他哪些地方曾经留下过你的足迹，当年这个地方是什么样的。而今带他一起故地重游，但却是和最爱的人分享，这种隐秘的穿越是多么吸引人啊！

一起努力的快乐

世界上最珍贵的，就是一起经历。

上学的时候，最快乐的是什么？不一定是付出辛苦努力，最终考了一百分，可能是你和最亲爱的人一起温习功课的情景。

即使多年后回忆，一起用功的日子也是一道亮丽的风景，无论是在大阶梯教室里占位置，还是在课堂上做笔记，不管是树林里的朗朗书声，还是图书馆奋战的身影，与心爱的人在一起的日子，都让人心头格外温暖。

学习都可以一起吃苦，为什么爱情不可以了呢？

曾有个男人向我“求助”，因为女朋友不肯嫁给他——尽管他很努力很优秀，可一个没房没车的穷小子，凭什么娶她？他异常烦恼，问我现在的女生都怎么了。现在的女孩子确实变得懒惰了，大家都只想要现成的，似乎乘上高速列车，就能直接奔向幸福的终点。

中国有句古话，同甘共苦。现在的女孩子只想分甘，不想担苦。

逃避共苦，也就逃避了共同奋斗的过程，彼此没有结下“创业”的情谊，“创业”成功后怎么能牢固？

一起努力，才能体验到那种共同奋斗的快乐。就像我认识的一个女子，曾经是香港某届选美的冠军，后来与一个普通男子结缘，在深圳开了家公关公司。她当然有机会嫁入豪门，但她拒绝了，小两口一起努力，公司的年营业额从最初的十几万成长为行业内的前几名。期间当然吃了太多太多苦，但回忆起来，连艰辛都带着甜蜜，因为有最爱的人一路陪伴着。

现在，她已是两个孩子的妈妈，依然像年轻时保养得那么好，每天都非常愉悦。她见证了公司的起步、挫折、发展壮大，她知道艰辛，更珍惜甜蜜；而她老公则更珍爱她，两个人共同度过了最难挨的岁月，那些披星戴月的日子，那些披荆斩棘的夜晚，那些筚路蓝缕却豪情万丈的往昔……时至今日，他们彼此鼓励，互相打气，完全融合到一块的感情，你说怎么可能分？

顺便插一句，据说有钱男人都喜欢跟他一起奋斗的女人，那些后来者总是被他怀疑：你是爱我的钱还是爱我的人？话都说到这个份上了，你觉得还有什么意思吗？

幻想着花有钱男人的钱，是很没出息的行为，是坐享其成，是乞怜乞讨；而与男人一起奋斗，则是自己创造财富，自豪感与幸福感当然不可名状。

如何陪他度过低潮

昔君布衣时，与君同辛苦。

在朋友家看到一块玉牌，上面篆刻着十个字：“昔君布衣时，与君同辛苦。”这是她在古玩市场偶然遇见的，觉得这话意味深长所以不惜重金求购。

彼时，她男友的公司刚起步，她毅然辞了待遇优厚的工作，来到男友的公司，既做行政客服又做销售、财务。朋友说，这玉牌她送给自己的心上人，既是情意的象征，也要含蓄地告诉他，以后发达了，不要像某些男人那样抛弃糟糠妻，去勾搭年轻靓丽的风情女。她是个心细如发的弱女子，却有着须眉丈夫的魄力，为了男友能抛开一切，这样的女子实在太少了。

小 H 的男友曾是位潜力无限的公务员，后来辞职创业。在金融危机的冲击下，公司一连几个月都生意惨淡。她觉得这么陪下去，等待自己的注定是暗无天日的窘迫，所以狠心离开了男友。故事往往有戏剧性的转折，一张大订单终于一扫所有的阴霾，数月内竟有百万进账……小 H 懊悔不已，总想找寻破镜重圆的可能性，但她最终还是放弃了——只有陪他度过了最艰难的时光，才有资格去享受最后的辉煌!

现在的女子似乎更愿意坐在宝马车里哭泣，要的都是一劳永逸的现成结果，而一旦男人陷入低潮，她们跑得比谁都快。

真正爱一个男人，就应该陪他度过低潮期。人生在世，谁敢保证自己永远风光无限？尤其是现在这个风云变幻的时代，公司可能倒闭，工作可能丢，前一天是富豪，一夜之间就可能一贫如洗。男人辛苦的时候你缺席，男人荣耀的时候你来分享，来与去都打着物欲的旗号，那男人能对你有信心吗？

陪男人度过低潮期是压抑的，个中滋味绝非一般人能忍耐承受，所以，“昔君布衣时，与君同辛苦”，有这种想法的女子特别值得尊重。如果你的男人此刻正陷入低潮，首要的当然是让他振作起来——摔倒了，就爬起来，你可以失败，不能被人看扁！这种鼓励无疑会激发男人的斗志。

当然，你或者也可以帮他转变思维。就像本来做研究的人因为爱好文艺而转行媒体、广告行业，都是有可能的，前提是你要了解他，能比他更清楚地看清他的才华所在。

最关键的是，你要态度自然，既不能冷嘲热讽，也不该过于安慰。因为长篇累牍的赞美激励，会让他敏感地认为，你在同情他。

一句话，用对你的爱，一般都可以让男人重新振作！

法定吵架日

爱情需要吵架，因为吵架可以排毒。

有天看卓别林的默片，那种小人物的坎坷命运，被夸张的肢体语言演绎得活灵活现，但因为没有声音，总感觉有一点点沉闷。相较之下，我还是喜欢看有声电影，剧中人的对白抒发自己的情感，才感觉个个是活人。

这让我想起爱情中的吵架。

小穆很心疼女友，每逢吵架都尽力忍让，但女友太任性，一点小事也会勃然大怒，甚至以分手要挟。有一次，小穆忍无可忍，愤怒对抗中还摔了手机，他以为一切都完了，女朋友一定会离开自己。出乎预料的是，女朋友非但没有扭头就走，反倒变成了小鸟依人的典型，他这才明白，原来，吵架并没有那么坏的结果。

很多人对吵架总有一些误解，以为恋人之间拌嘴一定会伤及感情，是关系糟糕的表现，觉得那会成为分手的导火索。事实上，吵架并没这么可怕。我们父母那一代人，很多都是大吵大闹得不可开交，以至于自己会同情他们中的某一位，觉得日子这样过了无生趣，还不如离婚算了，但他们过不多久就又和好如初……吵归吵，他们倒也相安无事地过了一辈子。

大家总希望爱情是完满、和睦、甜美的。殊不知，谈情说爱也需要偶尔吵上一架，这是一种排毒减压的有效方式。吵架是不可避免的。两个人无论多么要好，总会有矛盾发生，有矛盾的时候一定要说出来，怨气才会得以释放，身体和心灵都会轻松许多。爱情就怕是默片，爱情默片的收尾，不外乎就是分手。

电影《我爱你》里，佟大为和徐静蕾吵得天翻地覆，你会觉得佟大为怎么这么小气？事实上，随着时代的发展，似乎爱吵架的男人越来越多。当然不是绅士风度被完全摒弃，而是他们的内心越发敏感细腻，所承受的压力也日渐加大，偶尔逞一下口舌之快，可以抒发心中的郁闷，并不代表他不再爱你。

既然吵架如此重要，不妨设立一个法定吵架日，制订出一系列的吵架公约，一条一条地都拟定好，到那一日，两个人可以放开地吵，不必害羞，不必记仇。尽情宣泄之后，两个人仿佛做了心灵SPA，一定会有重生的感觉。

不过，这个吵架公约一定要约法三章：第一条，吵是彼此商量好的，大家要在那一天把所有不快都倒出来，不留后遗症；第二条，吵架的目的是解决问题，不是增加仇恨；第三条，吵架不要涉及第三方，涉及其他人，就把事态扩大了，反而让事情更复杂，不利于事情的解决。

所以，法定吵架日，一定要搭配完美的吵架公约。

看，这是为你伤的

让他知道你为他付出牺牲，他会更珍惜你。

朋友艾米，做事向来以利落、准确和安全著称。但有次下厨的时候，她不小心剁到了左手的大拇指，指甲上登时血流如注，浸透了一大卷包扎用的纱布。过了一个月，伤口还没完全愈合，如果不小心按到指甲的前半部分，中间还会裂口，很痛，十指连心啊。

干吗剁肉馅呢？原来是想做男朋友最喜欢吃的水晶丸子，指甲才伤得这么厉害，所以，她撒娇的时候总免不了旧事重提："你看你看，为了给你做好吃的，我这手恐怕一辈子都变不过来了！"确实有点难看，因为当初有淤血，现在整个指甲都是黑的，中间还没长平。艾米说她本来想涂指甲油的，但想想也就放弃了。其实，之所以保留这个黑指甲，就是为了给男友看，提醒他，她是多么爱他——这指甲可是为你才伤的哦！

艾米的提醒非常有必要。每当男朋友坐在她身边，总会情不自禁地摸起她的手，反复摩挲这受损的指甲，眼神里全是怜惜与不舍。一只受伤的指甲，让他觉得他应该对她更好，即使难看，也值得吧。

朋友“吴秀才”也有类似的遭遇。有一次，半夜三更地下楼给女朋友买薯片，居然忘了戴眼镜。难为他视线模糊地摸到了 24 小时便利店，可刚走出店门，就被迎面而来的自行车撞了个正着。所幸，只是额头上留下一道浅浅的疤痕。

每当看到这道疤，女朋友都会由衷地感动，觉得恋人愿意这样付出，自己理应加倍对他好。尽管有破相的晦气，可“吴秀才”丝毫不刻意遮掩它或美化修饰它，他强调说，这是爱的烙印，既让自己觉得自豪，也唤醒了女友的心疼，两全其美呀!

呵呵，为爱而受的伤，为爱而流的血，为爱人而留下的疤，不妨保留着吧，因为它会让你想起你们之间的细节，会让你自豪，你的爱人看到它也会想起你的温柔，心疼之余，当然会更爱你了。

只不过，那些轻率而刻意的刺青需要谨慎为之，他日一旦分手，清洗起来会很麻烦的。

干什么，请你知会我

做什么事先让对方知道，这是最基本的礼貌。

村上春树曾做过家庭煮夫，有一次老婆很晚才回家，进门却告诉他，自己与同事聚餐吃过了，村上忍不住发火了：“你为什么不早说？害我等了你一个多小时!”

不要以为这是大作家独特的个人遭遇，现实生活中随时都会发生这样的桥段。换成其他男子，也会愤怒地控诉。女人或许觉得男人小题大做，那是因为她没尝到过那种等人的滋味。

一对刚认识几个月的恋人，女生很喜欢去外面玩，有时候下班后直接赴约，也懒得提前通知一声。男朋友在家等得焦急，打电话给她，答复几乎都是：某某请客啊，当然要参加；在大梅沙陪同事吃酒饮茶……一而再，再而三，电话接得不爽快，也不说清楚几点回来。久而久之，等待的人终于大发雷霆，“你让我很没安全感”，“你不够尊重我，我们分手吧”。如此不在乎别人的感受，注定是无缘牵手的。

之所以会出现这样的情况，就是沟通出了问题，没有主动知会另一方。知会，顾名思义，知道、领会，就是用各种方式把信息通报给对方，并使其领会自己的意图。谈情说爱的时候，能做好这一点，爱情自然会朝着圆满的方向发展。

你要做什么，请一定告诉给自己的恋人——他同不同意是他的胸怀，你知不知会是你的礼貌。知会代表了尊重，在乎；反之则是漠视，不屑一顾。关系确立之后，你的所作所为都和他密切相关，他关心询问都是正常的。

怎么知会？无论通过何种方式都要尽量让对方知道，打个电话，传个信息……方法很多。说来说去，不知会还是因为你不在乎，你以为他是无心之人吗？就不挂念你吗？就不会吃醋吗？你可曾想过他焦急等待的感受？

当然，相比知道，领会的意义更加重要。譬如，当女人告诉她的男朋友，自己晚上要和男同事去吃饭，男友究竟作何感想？这充分证明了两个人之间是否有信任，以及是否彼此心领神会。你告诉我，我理解并充分支持——因为懂得，所以慈悲，这或许是和谐的沟通结果。

这样的知会，不但融汇了自己的真诚，同时也是彼此信任互相尊重，是给对方充分的自由。这样的爱情，一般都会长久。

爱情人情人际学

嫉妒是最好的春药

嫉妒一个人，尤其是嫉妒他对别的人好，能迅速拉近你们之间的距离。

某个饭局上，一位大哥对我说，你这恋爱教父什么都好，就是不喝酒，这可不行啊。你不喝酒，怎么能有教父的风范呢？你要喝起来，直到晕乎乎的，这样天旋地转起来，思绪翻滚，文采飞扬，那才有性格嘛！再说想做点坏事也有机会……酒能催情嘛。

一桌人嬉笑着附和他，是啊，是啊。"催情未必一定需要酒吧？"我向来一本正经。

很多东西都可以催情，比如嫉妒。一次聚会，某女和某男打得火热，你看不下去，就说了两句酸溜溜的话，却已经让她注意你了，毕竟全桌人都没答理，就你反应这么激烈，肯定是你心有所动了。

每个女人都希望别人喜欢自己，即使她不爱你，她也会因为你的欣赏爱慕而窃喜；更何况，有的女人，对每个欣赏自己的男人都会作出回应呢。

这方法同样适用于女人，不过得把玩笑话换成眼神。类似的情景中，看他和某个女人如胶似漆，你可以一直默默地关注他，让你的目光不要离开他，他一定会被你的眼神吸引，而你表面上又要相当淡漠，一边对视，一边在面上做出无所谓的样子，最好脸上带着嘲讽或玩世不恭的表情。男人最喜欢女人“拽”的样子，喜欢女人对他们做出满不在乎的神态，他一定会被你吸引，对你发生联想和猜测，同时更想征服你。此时，你已经将他的注意力转移到你这里来了。这就叫用目光勾人，慑服他于无形，真是既隐秘又高效，是高手段的人玩的游戏。

如果是针对你已经属意的目标，那可以进一步下重药量。林黛玉平时最会使用嫉妒这一招，只许宝玉跟她打情骂俏，不许他和宝钗眉来眼去，一旦发现宝玉与宝钗说话或稍微亲热一点，她就会表现出强烈的嫉妒心来。湘云总是把“二”读成“爱”，只有黛玉是喊宝玉“好哥哥”的，其他人都是“二哥哥”，湘云吐字不清喊成了“爱哥哥”，黛玉便经常拿“爱哥哥”说事，其实是她不希望有人与她分享宝哥哥。

一个人刚强，两个人示弱

柔弱的女人有人爱：柔弱是一种自我保护，柔弱是一种人际交往的策略。

白娘子和许仙的爱情故事家喻户晓，著名作家李碧华在《青蛇》中重新演绎了这段佳话，电视剧《新白娘子传奇》也谱写了自己的版本。最经典的当数赵雅芝版白娘子和许仙恩恩爱爱，琴瑟和谐，甜蜜欢快，最是羡煞旁人。

不过，看多了就总琢磨，这白娘子到底爱许仙什么呢？

当初，白蛇和许仙在断桥相遇，白蛇对许仙一见钟情，便假装要与他同搭一条船，又问许仙借伞，这一借一还间便产生了感情，几次三番，感情更加深了。最后，在青蛇的撮合下，两个人结为夫妇，开诊行医，幸福无比。

按通常的认识，白蛇爱许仙的善良、儒雅；不过，如果光有这些显然不够。在白蛇看来，许仙身上的大男子主义倾向几乎为零，他更像一个中性人。这一点，白蛇与宝玉倒很一致，认为男子都是浊物，既然已经成精，当然不想再将自己交给一个粗鄙的莽汉。许仙恰恰不是那种世俗酒色财气的男人，找他最相宜。

许仙像个小孩子，他的性灵美好纯净。白蛇深知人心险恶，和寻常的男子在一起，也有许多规范限制，而许仙没有那么多条条框框，以一个赤子的形象出现在世人面前，白蛇当然愿意与这样的人谈情说爱。

在那个男尊女卑的年代，女人不能比男人强，但白蛇和许仙在一起，许仙不会介意那么多，白蛇恰好能发挥特长，相夫教子，搭档做事，轻松畅快。

按照时尚一点的说法，白蛇是一个精明能干的大姐姐，而许仙则是阳光、纯净的小男生。白蛇爱许仙的柔弱、干净，爱他的不世俗、不偏见。许仙还不够成熟，而白蛇正好可以照顾他、帮衬他。白蛇一手操办了许仙的事业，规划了他的人生，在这个过程里，她的自由意志得到体现，价值得到满足，而许仙给了白蛇成为“女人”的机会，白蛇和许仙是典型的姐弟恋。

当然，白蛇有一点值得学习：她是个温和的强者，会适时地示弱扮傻，以免许仙怀疑。女性朋友应该明白，太过强硬、强大，是很容易失去女人的味道的。精致干练、外弱内强，在恰当的时候给男人展示的机会，让他威风凛凛，让他意气风发，他才会越发地宠你爱你离不开你！

一个人可以刚强，两个人则必须适当示弱，这样爱才会长久！

旧爱为什么能让我们一夜长大

旧爱让我们明白得到与失去的关系，还帮助我们磨合身体的使用功能。

一夜长大，其成长应该包含了思想和思维，以及个性、为人处世等方面。

有的男生喜欢追求美女，但在现实中逐渐发现，原来外貌不能代表一切，那些真正适合自己的才是幸福的关键。有的女孩，信誓旦旦要嫁个有钱人，可真正接触过豪门之后，却根本无法融入那种生活。所以，她们重新修订了自己的观念，不再苛求物质条件，更关注那些普通日子里的互相珍惜。这类转变不失为成长路上的进步。

小 D 的前女友各方面条件都不错，就是学历较低。刚分手时，并不觉得多可惜，许多年后，他才发现自己错过了一个多么好的女人。所以现在小 D 谈恋爱，早已重视考量情感本身的真挚程度，最起码不会因为一个人的学历不够而否定她。

经历了旧爱，有的人忽然就发现了大玄机，仿佛顿悟一般，从此展开了人生新的一页。比如，原先不信任爱情、恐婚的人，被旧爱当头棒喝，找出症结所在，醍醐灌顶，从此对爱情充满敬仰。

一个朋友，原先对恋爱吊儿郎当，爱或不爱都照单全收，理由竟是“这个不成咱再换”。后来他发现，人的情感其实很复杂——自己原本不喜欢那个女孩，却还是和人家纠缠不清，当他想抽身而退时，女人却对他产生了依赖；可分手后，他才意识到原来自己已经习惯了这种依赖……故事的结局，大家想必猜出了个大概。不再是“不爱我？那你干吗开始，混蛋”一类的痛骂，而是他从此不再把恋爱当做游戏了。

有时候，我们并不了解自己，以为能够承受的，往往忍无可忍；以为不会在意的，结果却深陷其中。旧爱让我们明白自己的习惯、爱好、性格缺陷等，从而学会了何谓放弃何谓珍惜。

总之，旧爱可以让人长大，让我们明白得到与失去的关系，还帮助我们磨合身体的使用功能。用佛家的话说则是，爱情让人痛苦，再给人幸福，旧爱就是那个让你从痛苦到幸福再到痛苦的轮回，所以你成长了。

约会时不该说什么话

如果你不知道说什么话好，不妨稍微沉默一点，对方反而会觉得你有内涵。

约会时好多话不应该说，但很多人常常口无遮拦地讲出来，伤了两个人的感情，实在不划算。

最常见的一句就是“你怎么这么晚啊”。既然已经迟了，对个中理由的追问就显得不是那么必要——时光总不会倒转吧。至于说法，你完全可以委婉俏皮一点，比如，你今天迟到了，罚你给我拎包，罚你付账；你今天迟到了，我们就光吃个饭吧，电影就不看了，我想早点回家……无论说什么，都比你冷着脸的那句问责和抱怨强许多。

“你今天怎么不说话啊？”——他不主动找话题，你说什么他都没兴趣，嗯啊哎的，内容敷衍，无论你声音分贝多大他都像没听清楚一样。你问他，他总回答，没什么啊，其实就是不想说话。于是，你只好沉默，心想这人怎么这样啊。唉，我跟他真的不合适，两个人没有共同语言。遇到此情此景，不妨两个人平静地相处一会儿，他不说你也不说，但是你拉着他的手，或者挎着他的胳膊，这种默契会让他觉得你很懂他，尊重他。

“你今天怎么回事?”——有时候，一个人不在状态，没精打采，神情黯然，你说什么他都接不上，你要他办的事情他也没顺利完成，慌里慌张，闹出了笑话。这时，你一定要想想，他是不是有什么不舒服，是不是有什么郁闷事，如果你不管青红皂白，不管三七二十一就劈头盖脸一顿臭骂，他一定更加受伤。

有时，一个人状态不好，可能只是自己的心里有什么疙瘩。或许来自老板的压力，或许是同事之间相处得不顺心，也可能是忧郁周期使然。本不关你的事情，但是一句“我又没惹你”足以引起他的反感，因为这潜台词是说，你撒气不能往我身上撒吧。这时不妨像个母亲，拍拍他的头或肩，给他一个拥抱、一点鼓励，他会觉得你是最爱他的。

“我不喜欢你这种态度。”——特别是不要说，以前××对我怎么样，你这样对我，一点意思都没。如果这样说的话，他会反击你：“既然他那么好，你去找他啊!”你会接着说，“好啊，去就去，有什么了不起”。一份美好的感情就因为负气而结束，多可惜啊。

“随便。”——男人问女人，想吃什么呢？答曰随便。想喝什么？也是随便。看电影吗？随便。想不想去玩？随便。所有的随便会让他觉得，你这个人，太没意思，一问三随便，是对他的漠视与无所谓。

永远不向最亲密的人发泄情绪

哪怕全世界的人都说他人缘不好，但只要对你好，那就是非常伟大的爱情。

有一期电视交友节目让我印象深刻：一位男嘉宾，在首轮选择之后还有十几个支持者。不过，在他的个人录像里谈到了一个细节：当同事朋友向他发火时，他通常像棉花一样不会计较；但自己不开心或有烦恼的时候，他会向自己最亲的人倾诉发泄。

录像播放结束后，支持的灯灭了好多，还有个女生提问，向自己最亲的人发泄到底是什么意思。主持人赶紧打圆场，发泄有点用词不当，其实重点是倾诉，是一种疏导的方式、一种减压的渠道……但“发泄”一词的负面意义，却始终让大家耿耿于怀。

梁实秋在《男人》里一针见血地指出：“男子多半自私……在外面受了闷气，回到家里来加倍地发作。”尽管这文章写在上个世纪，但在今日很多人仍然可以对号入座：在外面受了老板、客户和同事的气，不能释怀，不能舒展，回家就把邪火发在爱人身上，真是很愚蠢的做法。

我们都难免脆弱，压力太大委屈太多，很可能会郁积而病，偶尔发泄一下也有排毒作用。但请注意，你不能因此就向最亲密的人发泄。一个人受气就够了，再把这种怨愤和委屈发泄到爱人身上，郁闷的人就变成了两个，好端端的家笼罩在这种气氛之下，你还喜欢吗？

家是让你休憩的港湾，爱人的心是你快乐的梦乡。一个人在外面备受打击，回到家如果看到的是爱人的笑脸，听到的是亲切话语，吃到的是可口饭菜，他的内心就会觉得宽慰，那些郁闷也显得无足轻重了，这就是爱的消化或缓解作用。

有些人能够自我减压，无论在外面多失落，只要一回家就能开心快乐。他们明白，与其增加爱人的烦恼，倒不如自己一个人背负。他们往往有一颗强大的心脏，能将家庭生活之外的失落、烦恼都化解掉，就像杀毒一样，让自己安全后才回家，这样的人都是可敬可爱的。

但偏偏有人不是这样，在外面郁郁不得志，回到家里则颐指气使，受的委屈越多，表现出的脾气也就越大。一旦爱人好言相劝，往往会引起一场口舌之争，甚至还拍桌子摔碗筷，更有甚者还不惜拳脚相加！这境界，只怕已经超越“自私”了。

再说说那位男嘉宾，我觉得他的说法本身就是个怪论：在外面任同事欺负，回到家向亲人发泄，这是什么道理？亦舒曾有过总结：“人们总是喜欢对陌生人友好，而对自己最亲爱的人刻薄。”他的做法正和亦舒的观点相符，这真是人性的弱点。

伙伴以上，爱人未满

有时候，陪伴你的未必是爱人。

这个世界上，能陪伴女人的，除了爱人，还有朋友、同学、同事……他们有许多身份，那些艰难岁月或是快乐时光，总有他们的支持与陪伴，他们对你很重要、很好，但他们却不一定是你的爱人。

一个女人，一定要在爱人之外，找到一个异性知己，他对你是真心的，你成功他为你高兴，你遇到挫折他又能给你打气。找到这样一个人，跟他说说心里的委屈，比找女人倾诉更安全；找到这样一个人，他的建议比婚姻专家更有效。每个女人都应该找到一个这样的人，他的价值不逊于一个爱人。

不过，不管关系多好，他们毕竟不是你的爱人，有时候，怎么处理与他们的亲疏远近很重要。一般来说，既不能太冷漠，也不能太亲密，因为太冷淡就疏远了，太暧昧就扯不清了。以下 20 条，不妨仔细学学。

1. 和他久别重逢时热情拥抱可以，在没有第三人的小房间里拥抱不可以。

2. 和知己共度中秋乃至春节都可以，共度情人节不可以。

3. 谈论他的香港脚、脱发可以，谈论他的性能力和你的内分泌不可以。

4. 和他一起进餐可以，共用一双筷子不可以。

5. 和他的女朋友做朋友可以，不来往也可以，但彼此做敌人不可以。

6. 需要时管他借钱可以，借钱不还不可以。

7. 他很会炒股挣钱，找他当个好参谋可以，但不可以把股票账号给他让他帮你炒。

8. 和他抱怨男朋友不体贴可以，但不要成天向他哭诉你可怜没人爱。

9. 你的男友可能高学历高收入，但不要在他面前炫耀。

10. 和他诉说你的烦恼忧愁可以，但不可以每次见面都说。

11. 和他一起游泳可以，但在水中亲密接触不可以。

12. 和他意见相左辩论可以，但不可以语言过激伤害他的自尊。

13. 在他家里蹭吃蹭喝可以，黏在人家里不走不可以。

14. 和他出游同坐一辆车可以，坐他的副驾驶位手搭在他大腿上不可以。

15. 质疑他穿衣服的品位可以，质疑他交往女人的品位不可以。

16. 打探他衬衫的价格可以，打探他内裤的颜色不可以。

17. 讥笑他发型不好可以，讥笑他娘娘腔不可以。

18. 他得不到老板赏识，说他工作不够努力可以，说他少根筋不可以。

19. 他遇到困难了，安慰帮助他可以，大权独揽当他的代言人不可以。

20. 他喜欢打游戏，说他懒惰可以，说他缺乏魅力不可以。

爱他所爱，义不容辞

爱他所爱的人，会让他特有面子。

《一剪梅》里唱到，爱我所爱，无怨无悔。

人生一世，爱我所爱才是正事，是王道，只有爱我所爱了，才能真正做到无怨无悔，也才能真正获得快乐！但他的所爱，你也不能掉以轻心哦。

聪明人谈恋爱，有时候并不直接攻打目标，而是从他的侧面入手，左攻右取，前后都打点好，即采取所谓的迂回路线，周边包围核心，搞定他便也不是什么大问题了。比如，团结他的兄弟、哥们、朋友，这类形态在大学时期的恋爱中最明显：女生要追一个男孩子，往往要找他的室友或同学聊得火热、打成一片，这样，当大家都对你赞不绝口的时候，他想不注意你都很困难。

找到和他关系要好的朋友，或亲戚，或同事，这是一条恋爱成功的捷径。特别是他的亲人，他们是对他影响最深的人。有时候，他很欣赏你认同你，而他的亲人不以为然，故事有可能是个无言的结局。这时，要充分发挥你的亲和力，怎样改变他亲人对你的看法，怎样让他的亲人也喜欢你，还真需要一番工夫。

要知道，他很爱自己的父母，你可以时不时地给他的亲戚长辈带些礼物，帮他们做点家务，或陪他们聊聊感兴趣的话题，像薛宝钗一样，只点贾母喜欢的戏，贾母焉能不喜欢她？如果你自我、小气甚至自私，长辈们看不惯，他当然也会受影响。在他父母面前，一定要很懂事，不要做作，不必假装，一定要以真诚打动他们。嘘寒问暖，体贴关怀，让他们切实地感受到你的关爱，那样会直接改变他的印象。

如果他有姐妹，不妨给他姐妹带点化妆品，或给他的侄女、侄子、外甥买些玩具、巧克力、糖果之类，真心地喜欢这些孩子，他的心里会自动给你加分。

要是他有最疼爱他的奶奶或外婆，那你更要抓紧机会了，获得他最珍贵的人的认可，那将是非常荣幸的事。老人家一高兴会直接对他说："这么好的女孩子，你要不娶还到哪里找去？"说不定连祖传的手镯都给你戴上呢！他肯定也会想："对啊，对啊，此时不娶更待何时？"

如果他父母亲不在身边，那就从他的死党入手吧。总之，你要贤惠体贴落落大方，让相处的氛围变得更加愉快、惬意，先把他们给搞定了，自然会有人替你美言几句。有了大家的夸奖和赞美，他就会想到你平时的好，觉得你太给他争面子了，会直接促使他下定娶你的决心，那时候，你不偷笑才怪！

与旧情人做朋友

与旧情人做朋友体现了人性的高度，做不成朋友的，内心世界未免稍显狭隘。

周杰伦邀请蔡依林做他台北小巨蛋演唱会的嘉宾，那画面香艳大胆——贴身热舞，又是搂腰，又是贴面，不由得让人浮想联翩，有好事者甚至认定双J要复合了。对此，周杰伦的回应是，两人都觉得很有趣，就决定玩上一把；蔡依林则笑着摊手，“我还没有疯”……从上述的口气和言辞可以看出并非打哈哈，也就是说，他们两个都放开了。

明星开演唱会旧情人登台献花或同台对唱，在娱乐圈并不稀罕，像郑秀文在演唱会上就深情对唱许志安，热情拥抱。这当然不是什么复合迹象，其实他们就是一对做过恋人的好朋友。

无论双J合璧还是郑许之恋，刚分手的时候，女方都是有点伤感的，很难如此豪放。时光总会抚平我想你的波澜，旧日的伤痛逐渐愈合，纠结被看开、看透，才能原谅。原谅之后，大家就可以做朋友了。

有的人特别反对“再见面还是朋友”，认为那样很容易尴尬；还有人担心见旧情人会给现在的生活带来负面影响。如此顾虑重重的人，大都因为心结没有解开，难以原谅，难以放下。

文学理论教授曾经给我们分析了一组外国电影的镜头：男女朋友已经分手多年，某年某月某天他们在街头见面了。女的问，你还好吗？男的说，很好，你呢？然后两人在笑声中互相祝福又分开了。教授说，这就是人性的高度。当时懵懵懂懂，时隔多年，终于明白了这情节的境界——和分手恋人做朋友，互致问候由衷祝福，确实是一种难能可贵的豁达。

如果你还不明白什么叫高度，那不妨说一说人性的低度。不久前，武汉大学发生了一场流血事件，一女子散步时被割喉，不治而死，而行凶者正是她丈夫！两人因为闹分手，其丈夫不同意随即丧心病狂挥起了尖刀……事实上，这类因爱生恨、得不到就彻底将其毁灭的做法，在日常生活中并不少见。如果人性足够通透，如果足够善良、宽容，怎么会发生这样的事？

不肯见过去的恋人，不肯做朋友，就是因为心胸不够开阔，无法原谅，无法坦然。其实时已过，境已迁，你有没有他都可以活得很好，还有什么值得介意的?

由衷欣赏那些分手后还能做朋友的人，他们的人性达到了一定的高度。只有人性练达如此，只有心怀善与美，怀着爱与诚，你的心胸才可以如此宽广，如此坦然!

为什么他不愿意公开你们的爱情

因为他不够爱你，所以不愿意公开你们的恋情。

有个男生，喜欢上了名花有主的女孩子。在横刀夺爱的过程中，女孩被他的自信所感动，最终答应了他的追求，但前提是不希望把二人之间的关系告诉别人。

故事当然有波折。另一个小伙子，总是在不同场合表达对那女孩子的爱慕，于是“她是我的女朋友”不由得脱口而出，他真的很想保卫自己得之不易的爱情。但女孩子获悉之后，非常生气。他花了很多时间，费了很大劲哄，女孩子仍是对他不理不睬。

当然不是倡导谈恋爱的时候要高调亮相，但也实在没什么好隐瞒的，可她为什么不想公开两个人的关系呢？可能是她生性含蓄，不事张扬，不想弄得路人皆知；也可能是女孩刚跟别人分手，唯恐前任觉得自己意志不坚定，公开后会引起不必要的麻烦；当然还有一种情况——她并不是真喜欢他。

尽管无法判断女孩子属于哪种情况，但如果她真的喜欢他，这样无关大是大非的失误，并非不可原谅。

有的人特别谨慎，总觉得要等一切尘埃落定之后，再把美好的过程讲出来，免得言之过早，到时候鸡飞蛋打徒留笑柄。有的人喜欢先斩后奏的风格，谈恋爱之时，对亲朋好友守口如瓶，直到要结婚了才带那个人回家。还有的人，甚至结婚了也不通知大家。当然不是刻意隐婚，是觉得两口子在一起挺好的，为什么要告诉不相干的人？朋友青青结婚三年了，有好多同事都没见过她老公，但他们很相爱，这也是很好的爱情。

当一个人不愿意公开和你的恋情的时候，大多是因为他对这份感情没有多少信心，他还无法断定是否真的要跟你在一起。如果过早公开，一旦哪天你们分手了太尴尬，尤其是对保守的女孩子来说。

当然，缺乏信心并不代表没有可能。遇到不愿意公开你们恋情的人，你应当做的就是想方设法坚定他的信念，让他从犹犹豫豫转向死心塌地。持续举棋不定的结果，也只会让他离你而去！

杨过与小龙女的致命缺陷

如果全世界只剩下你们两个人，那不是浪漫，是恐怖。

杨过与小龙女被公认为神仙眷属，问询过很多人，大都羡慕他们的爱情状态，在内心深处都曾有过这样的向往：远离世俗的喧嚣，躲到宁静的角落，只有他们两个人，这个世界是好是坏跟他们又有什么关系？

天涯海角是一种庄严承诺，常有人问“你愿意陪我到天涯海角吗”，如果你答应，则代表你爱他，尽管这承诺中带有私奔的倾向；而世外桃源则是理想天堂，在那里，只剩下双宿双飞的悠然，没有打扰，只有纯净。

关于这种隐居，武侠小说多有描述，男人搞定了江湖上的烦心事，带心爱的女人去一个人迹罕至之地。每当看到这里我就会想，如果仙境里有且只有他们两个人，每一天都相依为命面面相觑，岁岁年年之后，会不会觉得无聊？新版《武状元苏乞儿》里，赵文卓和周迅饰演的角色到了度假胜地，那里没有人间的烟火，也没有江湖的气息，没有买卖的嘈杂，没有朋友的寒暄。男人整天就是养伤练武，女人则是做饭酿酒，到最后，淡定的男人终于耐不住人生的寂寞了……

之所以要去那么遥远的地方，是他们以为从此不再回来，因为那里会有永久的幸福，但没隔多久，你会发现江湖中又活跃着他们的身影。世外桃源难道不好玩吗？女人也许会觉得很不错，但男人大都觉得了无生趣，急急地选择归来。女人也只好跟着打道回府。就像当年逃亡的胡兰成，即使有女子相伴，即使有人对他那么死忠，可他的心仍在名利场上，也必须回到所谓的正常社会。

关于杨过和小龙女的故事，只写到他们携手回古墓就戛然而止，所以无从知晓后续的情节如何展开。但他们的幸福并不一定很完美，而是有着遮掩不住的缺陷——他们不再与世界联系，长此以往会成为自闭症患者！

杨过从小失去双亲，成长过程里一直受人欺负，深刻领受了世态炎凉，他对人间没有多少感情，更没有多少信任；而小龙女则天生幽闭，在古墓里长大，对外面的世界一片陌生。这两人在一起，如果再避开人世，其结局只会更孤僻、更决绝。

现实生活中也有这样的男女，只要两个人能在一起，无论亲人还是朋友，他们全都置之不理了。他们一心想着自己，在闹市，却仿佛在世外桃源，在人间，却又不食人间烟火，不与外界联系，不跟任何人有交集，这样的人早晚也会在自己的密室里发霉、窒息。

你的爱多少钱一平方米

如果他不能给你优裕的生活

你要的他不能给，还是趁早离开，否则以后也会有隐患。

有人发来一个问题：“被房子打败的爱情。她全家人死活不同意，最终我看她也挺难受，就分了。”两个人相爱，却又必须分开，仅仅只是因为房子，真是悲伤的爱情。

如今这年代，因为门不当户不对或生辰八字不合等狭隘思想，进而阻碍子女感情的故事越来越少了——基本都是因为钱。

女孩交了很帅的男朋友，可父母却极力反对，因为男生尽管工作不错，但家庭经济条件实在一般。女孩子不忍心分手，两人毕竟有些感情，所以表面上女孩子接受了父母安排的相亲，实际上两个人还一直秘密联系，如此这般，他们度过了三年。

在我看来，这个女孩子实在有点傻，三年时间足够考验一个人的。就男生而言，之前买不起房子，那总该发奋吧？家里虽没钱，但自己可以奋发图强，好歹在收入上来个大转变。既然人家父母那么反对，既然自己确实没能力给对方带来富裕的生活，干吗还强拉着不放？"如果你爱她，就要离开她"，否则两个人都不快乐，又是何苦？

我认识一个男子，当年恋爱时也是一穷二白，准岳父坚决反对女儿同他交往。所幸，女孩子义无反顾地跟他一道创业打拼，现在男子发达了，开了几家连锁药店，可是对岳父岳母的感情依然有芥蒂。尽管在物质方面毫不悭吝，但那只是出于情面而非关爱。他始终无法忘记当年"你不能给她优裕生活"的刺激与疏离，有时甚至还对儿子讲："怎么，你也像外公外婆那样嫌爸爸穷？"

人心总免不了狭隘，换成是你恐怕也很难释怀。很少有人愿意去换位思考，替别人的幸福与否认真思考，日后出现不愉快的情况，太正常不过。所以，我一般建议女子不妨对恋人做一番评估，如果觉得他可以给自己提供优裕的生活，那不妨说服父母，继续相爱；如果觉得他实在无力提供这样的未来，那就不如早点放弃。

当然，你应该给他一个期限，设定一些从小到大循序渐进的目标。即便他没有如期望中那样发达，你和家人同样可以见证他的进步，这样可以为继续交往增加信心和底气。这一切的前提就是，你想和他在一起。

女人自以为“下嫁”的后果

你觉得自己“下嫁”了，你就开始不开心了。

影视剧里经常有这样的桥段：富贵人家的千金小姐，嫁给了一个身份地位都不如自己的男人，这个幸运儿则凭借着婚姻获得了上流社会的准入证。小姐总习惯颐指气使，男人表面上唯唯诺诺，其实，在外面早就有了俯首帖耳的小情人。当然，纸包不住火，小姐得知实情大发雷霆：“别忘了你现在拥有的一切是谁给的！要是没有我，你还睡在大街上每天要饭呢！”

之所以产生这样的结局，就是女人潜意识里有“下嫁”的思维。所以她高高在上，不自觉地伤害着男人的尊严；而男人则伺机去证明自己的威风。只不过，这些出轨、背叛、反抗、抵抗，都是在地下进行的，等实力雄厚到一定程度，条件成熟，他才会挑破真相。

莎莎总觉得自己嫁给这个男人很吃亏，她是广东本地人，在国企上班，可老公偏偏是个来自内地的打工仔——赚那几个钱能算白领吗？每次同学聚会，人家都夸自己的老公怎样大富大贵，可自己根本插不上话……于是，对老公的态度也日渐轻慢，他觉得这样的生活很没尊严，终于在某天提出了离婚。

这就是“下嫁”思维捣乱的结果。社会总难免现实且世俗，所谓的落差和不幸福，都是对物质条件的种种不满。尽管书刊报道大力表彰“经济适用男”，可在日常生活中，女孩子仍是盼望能找到“钻石王老五”。她们渴望“高攀”，拒绝“下嫁”，唯独忽略了爱的平等。

事实上，就算你的恋人收入没你多、职位没你高，甚至个头也比你矮，你也不必陷入“下嫁”的苦恼之中。难道他的正直、善良以及对你的爱，这一切都抵不过那些可以浮动的条件？如果被“下嫁”的思维蛊惑折磨，总有一天，你会嫌弃他，而那也是远离真爱的选择。

所以，女人觉得自己“下嫁”，真是一件有百害而无一利的事，还是赶快抛弃这个陈旧的思想吧！

当穷小子遇到富家女

富家女喜欢的一定是真爷们，是真性情的人；有半点私心的人，富家女都不会爱上的，因为你的眼睛骗不了她。

初中时有个老师，爱上了一个乡政府女秘书。按说，一个镇中学老师，一个乡政府女秘书，工资也差不了多少，但女秘书家里有钱，何况她要去县城当秘书了，执意要分。其实，从镇上到县城不过几十里，距离也不算什么，主要原因就是她认为老师家底薄，又赚得少。这个老师很受伤，相了一个亲，闪婚，结婚后本以为能平静地过日子，却对妻子的平淡难以忍受，迅速离婚，去北京闯世界去了。

老师的做法，其实是在和自己赌气。这种赌气，看起来是在惩罚女秘书，其实惩罚的是自己。你想，她该干吗干吗去了，你却要和一个你不喜欢的人结婚，结婚容易，但日后怎么收场？这才是穷小子应该思索的问题。

记得，乐嘉在成名后曾说，当年他爱上了一个富家女，对方的父母不同意，他觉得很受伤，对人家恨得牙痒痒。不过，还好他没有自暴自弃，没有选择一个女人立即结婚，而是憋着一股气，一定要让自己成功，这样才能让对方后悔。

不过，乐嘉成名后意识到，“想让对方后悔的想法”其实很幼稚，很自卑。而且，他也意识到，当年富家女离开他，并不完全是因为经济原因。

的确，穷小子和富家女，也有许多成功范例，《上海滩》里的许文强和冯程程就属于这种情况。许文强虽然一穷二白，但有魄力，敢想敢闯敢干，这样的人往往是富家女最欣赏的。新加坡电视剧《天涯同命鸟》里的男女主角也是这样的组合。

相反，那些性格忧郁、软弱的穷小子，最容易被富家女放弃；那些虚伪、不够真诚、遇到挫折就堕落止步不前、容易嫉妒的穷小子，也是富家女所不喜欢的。

很多穷小子接近富家女，是为了那背后的利益，富家女希望你爱的是她的人，不是她老爸的钱。如果你是冲着钱来的，她断然不会选择你，除非她被蒙蔽了没看出来。

富家女平时被惯坏了。她在家里被父母和保姆都宠坏了，大家都无法懂得她真正想要什么，这个时候，如果出现一个人，能很真诚地对她，她会觉得特别新奇、好玩。尤其是这个穷小子还能打趣她，让她看到自己的不足，她一定会心动。

当然，富家女最感动的还是穷小子的真心。当她和你在一起时，你是处处体贴吗？你能保护她吗？虽然富家女被宠到极点，但那种宠和爱人的宠还是不一样的，她需要的是一个来自她喜欢的异性的特别宠爱，让她有安全感。

总之，富家女喜欢的穷小子一定得是真爷们，是真性情的人；有半点私心的人，富家女都不会爱上的，因为你的眼睛骗不了她。

金钱的女王，爱情的女奴

新时代的女人，切莫做金钱的女王、爱情的女奴。

有个朋友要买房子，但是首付款不够，问人家借总不好，于是，就想能否先预借点信用卡里的钱，等有钱了再还上。等朋友到银行才发现，他的信用卡因为逾期还款次数太多，有不良记录，暂时被锁住了。他的女朋友非常愤怒，让他打出账单看看，账单显示他没有任何一笔欠款是超过50元的。女朋友很诧异，问他这些小账都是怎么回事。朋友说，工资卡都交给你了，我只能刷卡买烟了，女朋友再也没什么话说了，因为钱都被她征收了。

现在大部分男人的钱都被女人管着，女人成了家里的财政大臣，男人要想花一分，都得写申请单，等女人审批后才能领到钱，这是很不正常的现象。

这不是特例，而是存在于大多数男人身上的普遍现象，明明是自己辛苦赚的钱，女人却像地主一样，剥夺了自己的血汗。如果要打个比方，那男人就是牛，吃的是草，挤出来的是奶，只不过，这奶却轮不到自己喝，得先给女人喝。如果男人是一部汽车，那女人一定是方向盘，女人让男人朝哪儿，男人就得朝哪儿。如果男人胆敢有任何反抗或怨言，女人就会说，你不够爱我。男人为了表示爱她的忠心，只好委屈自己。但女人并不觉得自己愧对了男人，反而觉得自己做得很对。

女人掌握了男人的财政大权，像个吝啬的管家，只许自己败家，不许男人乱花。她们只给男人很少的钱，这点破钱还要坐车、吃饭，男人活得捉襟见肘，女人非但不同情，还觉得就应该这样。在她们看来，男人有钱就学坏，没钱，他就没学坏的机会。

物极必反，男人辛苦赚来的钱，自己却没福花，被盘剥久了，也会起反抗之心。有个朋友最近因为没钱花在外面交了个新女友，那个女人会给他钱花，他女朋友本来以为他没钱了就不会在外面乱来，想不到他恰恰是因为没钱才接受了别的女人的情意。他女朋友知道事情真相后，会怎么想?

女人极力把自己打造成女王，全面控制男人的财政，无非是为了留住男人。看似很强大，却恰恰反映了她的不自信，因为她要靠剥夺男人的经济，消除他出轨的机会来获得自己的爱情平安，可见她内心对男人长久爱她一点也没把握。这种要靠掌握男人的钱来获得男人的女人，跟奴隶没有任何区别。

所以，新时代的女人，切莫做金钱的女王、爱情的女奴。

你值多少分手费

别辜负了分手费，那同样是一个估算你独立、坚强与自尊的机会。

有个女孩子，跟人家定亲两三年，后来人家忽然不愿意结婚了，女孩子就提出了赔偿青春损失费这个要求，大意是要男方在之前的钱和物外，再额外赔偿一些钱财。

提出青春损失费的人，前卫又实际。前卫是能拉下脸，敢要；实际是，她意识到自己的青春被耽误了，也就是意识到青春的短暂、美好和昂贵，是个热爱生活热爱生命的人。既然青春没有了，不如用钱来补偿，总比什么都没有了好。

要分手费的女子，大概有两种。一种是真的想要，这种人觉得自己在这一段感情中没有获得什么好处，分手时要一些钱财，也算对自己的补偿。持这种观念的女子，大抵是学亦舒小说里喜宝说的："我要很多很多爱，如果没有，就要很多很多的钱。"另一种是，女人对男人还有留恋，不想分手，才会索要分手费拖住男人——所提数目高得吓人，因为她知道男人付不起。

不管出于哪种情况，要分手费的女子，一般都会显得比较尴尬。就以第一种情况而言，人家既然都已经放弃了，也就等于不想再追加投资，你却要人家继续注资，拿出一部分钱来，而且，还无回报，除非他特别有钱，否则他肯定不愿意给。第二种情况，人家已经嫌弃你了，你还要钱，虽然你是假要，但人家却以为是真的。说不定，哪怕没钱，借钱也要给你，然后一刀两断——你却成了人家的鄙夷对象。

也有男人主动给分手费的。最牛的要数比尔·盖茨了，他的传记里清楚地记着他每次跟一个女人分手，都会给那个女人很多钱——直接递支票。如果有人给你这么多钱，你要吗？有些女孩子会接受，毕竟有那么一大笔钱也能让自己安慰一下的，最起码，买个靓包什么的不怕没钱了。也有人不要，这又分两种，一种是嫌钱少，“我就值那一点钱吗”“在你心中我就那一点分量吗”，因为怕自己在对方心中轻贱，不肯要——其实是嫌少；另一种是，无论你给多少她都不肯要的，那是真正的爱情至上主义者，在她们看来，你给钱玷污了爱情，亵渎了她信奉的纯洁。

到底要还是不要，我觉得该遵循一个原则，那就是自己是否招架得住。如果你觉得要分手费，损害了自己的自尊，那就不如保持骄傲；如果你觉得不会，也可以点到为止。有些人怕对方轻贱自己，我觉得如果你能做到自己内心不轻贱自己，也依然可以要，反正，你已经不爱他了，你以后也可以不见他了，他轻不轻贱你，干你何事？

当恋人隐瞒财产

隐瞒是因为不信任，不信任是因为不够爱。

朋友倾诉，她原来嫁了一个很有钱的男人，可是那个男人的钱不属于她。

男人很多财产都不是以他的名义存在的，比如房子，他爸妈的名字各一套，他弟弟的名字一套，都是他买的；车也是，家里三部车，但只有一辆是以他的名字买的。按照新婚姻法，她能分到的财产确实不多。

当然，除非离婚，才会想到分财产，而她还没离婚。让她不愉快的是，她感觉自己被欺骗了。他到底有多少家产，她并不清楚，包括那些房子和车子，她还是偶然的机会下才知道实情的，他居然一点都没告诉她。她觉得男人从没把她当自己人，由此怀疑，他是不是防着她呢?

在我看来，如果能做到不介意当然更好，不过一般女人知道真实情况后都会难过，会想，他怎么可以这样对我呢?

当一个男人爱一个女人的时候，都会夸大他的财产，本来二十万的存款偏要说五十万，本来年薪就十来万，却说自己是年薪几十万……偶尔的夸张并不等同于欺骗，一项英国的调查研究显示，男人在陷入恋爱后，95%以上都会吹牛，其目的就是让自己的实力和能力强大，从而为自己加分，更强烈地吸引女人。事实上，男人不惜以吹牛的形式来吸引对方，恰恰说明他对她的重视与爱。

但反过来，如果一个男人刻意隐瞒他的财产，就说明他不够重视你，不够爱你。更严重的就是，他在防着你。他不想你知道他有很多资产，一旦将来有变化，情感维持不下去了，你就不会分到他的资产。另一种情况是怕你将财产往自己娘家搬，比如，如果家里有 3 辆车，而自家兄弟没有车，女人一般会将其中一辆送给自己的兄弟开。而对于那个男人来说，因为不够爱你，就不舍得将车给你兄弟，隐瞒起来当然就不会发生这样的情况了。

或者他将太多的钱给了他父母和兄弟姐妹，而他又不想让你知道，怕你舍不得。如果是这种想法，虽然出发点是好的，但终归将什么都给他的原生家庭，而忽略小家庭或你的原生家庭，也有失公允。

还有一种可能是，那些房和车是你来到以前他就买下的，如果是这种情况那你不必介意；但如果是你来之后买的，就要留个心。

当然，还有一个可能就是你遇到了一个超级低调的好男人，他不想太张扬，只想以一个普通男人的形象出现在你面前，算是对你的考验。不过这种情况一般很少，有钱男人炫耀还来不及，像这么有涵养的几百年才能碰到一个，就让你碰到了？你要仔细考察呢！

不要占蓝颜的便宜

男人付出的每一分钱都希望能获得回报，要么是物质，要么是身体。

朋友小P，有一大群男性朋友，但就是没男朋友。

小P自己觉得很苦恼，为什么他们都愿意为自己花钱，却没有人愿意把自己娶回家呢？原来，小P和这些男性朋友一起玩，无论是吃饭、唱歌还是其他费用，全都是男生出钱。本来，像吃饭唱歌这样的活动，男人出钱也没什么，但小P有时候连出去旅行都要人家代自己出钱。小P与一个男性朋友的短信对话是这样的：

男：周末要不要去澳门玩啊？

小P：好啊，你“三包”（包吃包住包玩）我就去。

男：OK，没问题，不过不是“三包”，是“三陪”（陪吃陪喝陪玩）。

小P：到底是谁陪谁啊？

男：当然是你陪我了。

小P很空闲，于是就趁周末与该男一起去了澳门。晚上，两个人从酒吧出来，醉醺醺的，男人说，我只订了一间房，小P刚想说“一间房怎么行”，却已经有点头痛了，体力不支，男人将她扶到了房间。如此这般，两人不可避免地要发生关系。你想，该男能娶如此轻易就付出身体的小P吗？

小P与其他男性朋友的情况也和这个案例差不多。平时，她很喜欢让这些男人在出差的时候给她带化妆品、礼物，无论多贵重的礼物，她都不掏钱给人家。人家送了这么昂贵的物品，心里肯定想，你又不是我女朋友，凭啥花我的血汗钱啊。找到机会，总是想办法占点便宜。小P自己却还不知道，真是糊涂得要命。

这方面，我有个女性朋友做得特别好，无论对方是多有钱的男人，聚会的时候她都会主动付钱。越是有钱的男人，她越要这样做。她说，不想让人家觉得自己占了便宜。而且，凡是有男性朋友送她礼物，她下次必定要选个合适的时机，很巧妙地还给人家，礼尚往来，还得也不刻意。长此以往，她身边的男人都特尊重爱慕她。

这个世界上有两类男人，一类是你爱的男人，一类是你不爱的男人，而你爱的男人许多时候只有那一个，不爱的男人却有千千万万。做女人就应该谨守一个原则：爱你的人，你可以花他的钱，哪怕超过预算也没问题；但你不爱的人，他的钱你最好不要动！

这个世界上没有男人愿意平白无故地花钱，他们付出的每一分每一毛，都希望能获得双倍的回报，要么是物质，要么是身体，而当你不肯回报物质，他就会想着你的身体。当一个男人想着你的身体的时候，他总能想到办法得到你。

如果只有一个男人这样对你也就算了，当你身边所有的男人都这样对你的时候，那你就真的成了占小便宜的女人了。名声传开，谁还敢娶你呢？

为了安全感而爱？

为了安全感而爱，最终却丢失了安全感。

有女孩子写来求助信：有个男人先追她，后躲她。我分析后告诉她那个男人是骗子；几天后，她跑过来说，对方确实是个骗子。

而她之所以会“爱”上这个骗子，是因为她陷入了“疯狂”。她坦承，当时有另外两个男人也在追她，她都没答应，原因很简单——那两个男人没有这一个成功。她陷入了疯狂，怕以后再找不到比他更好的——不过是物质条件好一些罢了。她还说，她对爱情缺乏安全感，她以为安全感来自男人的物质和能力，而这个男人恰恰展现了他诱人的物质条件。这是典型的为安全感而爱。

曾亲见一对情侣分手，男人失业，女人说：“你连自己都养不活，还怎么养我啊?”安全感是一种对稳定的诉求，是一种过富裕日子的期望。当一个男人失去了赚钱的能力或机会，女人觉得物质上没有了安全感，这完全可以理解。但如果女人仅仅将安全感简单地等同于物质，那肯定大错特错。安全感不等于物质，安全感也不限于物质。

影视剧里，女人对男人说：你知不知道和你在一起，我很没安全感？我觉得很累，我们分手吧。也常听女人抱怨，自己的男人很没安全感，说到细节，像男人花心，喜欢在外面玩，男人见到其他女人就眼珠子直瞪，男人对她的闺密很热情，男人的女人缘太好等，都能让她觉得，安全感匮乏。

女人之所以会觉得缺乏安全感，就是因为她本身的自信不够；内心缺乏能量，才将希望寄托在物质与男人身上。仅仅只为了获得一点安全感就接受某个男人，爱很短缺，情当然不会长久。

女人必须明白，安全感或许来源于物质，但一定是来源于自己的物质。譬如女明星，往往为了下半辈子的安稳就攀富豪，结果发现富豪的钱还在富豪口袋里，自己能拿到的微乎其微。这样的艺人不少，起初都想获得更“强大”的物质，最后还得靠自己打拼；如果从一开始就抛弃幻想，也不会生出那么多是非。有算命师说，章子怡这辈子注定是劳碌命，自己挣自己花；果真如此，也未必不是好事，最起码不受委屈。

很多工作平平外貌普通的女子，有时却会有很大的安全感，因为她足够自信。相反，有些超级美女却没安全感，因为她担心有一天不美了男人不再爱她。还有些女人，有钱但也缺乏安全感，因为她觉得没有男人真心对她。

其实，安全感完全来自女人的内心，只有你内心足够自信，让自己获得一种安稳和平静的心态，你才会发觉：你很安全！

已婚男离婚的经济成本

他够不够爱你是一回事，敢不敢为你离婚才是最关键的问题。

身边有许多女生，总是会不自觉地爱上已婚男人。单身女人爱上已婚男人，主要是没有看到已婚男人龌龊的一面。彼此见面的机会少，一般都是欢愉之后就撤，晚上睡觉打鼾、放屁，第二天眼角藏着眼屎的画面都看不到，以为好，其实都是幻象，最起码是不真实的。

而且，单身女与已婚男纠缠，很多都是经济因素在作怪。小 A 在深圳，工作一般，收入一般，二十六七岁了，想想未来，什么时候能不再租房？仅为了这个小小的梦想，她缠上了一个已婚男，因为已婚男有房有车。她希望已婚男为她离婚，但事情拖了三年，她迈进三十岁了，对方也没有离婚的想法。

你爱已婚男是一回事，已婚男到底爱不爱你是又一回事。就算真爱你，要不要为你离婚也是大问题，因为离婚就涉及财产问题，离婚的经济成本太高，除非大富大贵，一般男人哪承受得起？即使他有男人气概，离了，但一旦离婚就可能净身出户，房、车没了，存款没了，一切都从头开始。如果是四十多岁的人，剩下的十几年，再赚一套房子和一辆车子，也不是容易的事，所以很多人不敢轻易冒险。其次，一旦离婚，房、车给了前妻，自己要租房，勒紧裤腰带生活，这对过惯舒适安逸生活的人来说，也不容易。我有个朋友净身出户后就后悔了，因为租房住实在是太无聊，生活品质下降。他说，打拼了二十年，为了一个女子，让自己如此悲惨，真贱。

就算他锱铢必较，不主动净身，但按现有的婚姻法，离婚，很多财产也是共分的。什么？做手脚？转移财产？不是很多人都像你一样卑鄙。另外，对方毕竟是自己的前妻，有的还有孩子，让他这样做也实在不忍心。无论是净身出户还是被迫分割财产，已婚男人都会损失不少。而一旦没有了这些房、车诱惑，没有了这些成熟男人的光环和实力，你还会那么爱他吗？

已婚男人不是傻子，他们也知道自己当初吸引你，很大一部分是他的经济实力，而不是完全因为个人魅力，一旦抽离了房、车这些经济诱惑，他对你也没有多大信心。男人虽然傲慢，但自知之明还是有的，有几把刷子，有几斤几两还是清楚的。男人不会轻易地离婚，因为他不确定你是否依然爱他——在他没有了钱的时候。

他够不够爱你是一回事，敢不敢为你离婚才是最关键的问题。不相信我说的，那你继续坚持吧。有个调查数据是，已婚男人为小三离婚的几率只占 3%，这么小的几率，你以为中标的就会是你吗？

要嫁就嫁“真有钱”

嫁入豪门，结果却发现对方虚张声势，不仅没多少钱，还是个混蛋，这就亏大了。

黄奕闪婚闪离。之前，记者问她嫁了豪门为什么还出来拍戏，黄奕反驳“我没嫁豪门……”有人分析，如果真嫁豪门，那就会说，“我觉得，女人还是要工作……”因为嫁的不是豪门，才急切地申辩。虽然是细节，但却反映出实情。

据资深“八卦”专家分析，黄奕离婚是因为她发现对方没有那么多钱，觉得上当受骗了，两个人产生了矛盾。当然，这也只是“八卦”专家的说法，我想黄奕倒还不至于因为这个问题就和老公吵闹、离婚，之所以离，相信还是性格的原因更多一些。但女人结婚之后，忽然发现自己受骗的事，倒也常见。

记得，李湘当年跟李厚霖结婚，也是风光大办，因为对方有钱啊，典型的钻石王老五，做珠宝生意，但结婚后才发现，李厚霖居然欠了一屁股债。你想，就算李湘不觉得自己受骗了，但李厚霖负债累累，前后如此不一致，她也会心理失落啊。一旦失落，也就随即产生失望，觉得对方夸大其词、不诚实，心生怨言，定会产生矛盾。

女人爱钱本没什么大不了，爱钻石王老五或"富二代"也正常，但拜托，你如果想嫁豪门也得嫁个真的啊。最怕嫁个半桶水或几滴水的，虚张声势，嫁进去后结果发现对方的钱还没自己多，不仅没增加富贵，还蚀本，这就亏大了。

贾静雯之前也说嫁的是豪门，后来离婚时，孙志浩认为自己月薪只有 14 万元新台币，贾静雯结婚 4 年来演艺收入近亿元新台币，他要求贾静雯分给他 4600 万，暂请索要 2600 万……很搞笑是吗？但这却真实地发生了。

为什么会发生"一入侯门深似海"这样的情况？当然是她们在结婚前过于急躁，没有核实对方的真实家底，更没认真考察对方的品德，以为自己嫁入豪门，就变成这几个亿的女主人——这是想当然的天真。

所以，女人结婚前要调查清楚对方的经济状况，到底有多少钱，有没有呆账坏账，有没有欠债，甚至可以通过私家侦探来查这些情况。如果情况不好，那干脆不嫁，谁都不想嫁个负债累累的男人，不是吗？然后，要考察他的人品、性格，因为你要和他生活一辈子，没有良好的性格和人品，估计也不会幸福。

有钱而又人品好、性格好，舍得为你花钱，这样的豪门才是真豪门，也才真值得女人去嫁。

情商总要提速半拍

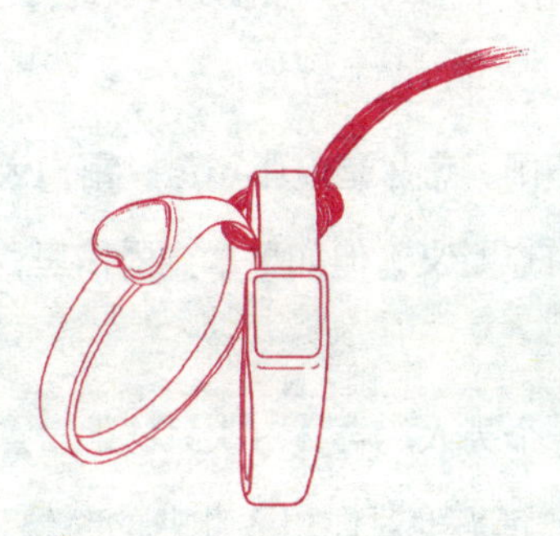

看天气，学恋爱

密云不雨，围而不攻，是为恋爱的技巧，也是一种境界。

光打雷不下雨，意思是虚张声势；雷声大雨点小，意思是名不副实。虽然都有点贬义，但如果拿到爱情里，这两句俗话都很有指导意义。

比如，与一个男人约会，每次只给他一点小的诱惑，像在他耳朵上呵一口气，正当他对你想入非非的时候，你却又恢复淑女状，让他搞不清楚你到底是想做什么，进而诱发出对你的无限的想象和欲望。

或者是好久不见，偶然邂逅，你送他一个温暖的拥抱。按照一般人理解，普通男女关系很少这样亲密，除非是情侣。但别忘了，这可是久别重逢，就算作为普通朋友，你的拥抱也会让他觉得温暖。

那么你到底是对他有意思，还是你仅只是豪放呢？他一定猜测不透。

雷声大雨点小也可以灵活运用。比如说，你说送他一份昂贵的礼物，他以为价格成千上万的那种，结果你却是花心思，亲自动手制作但很称他的小玩意，那个时候，他一定会觉得你很聪明。

当他约你时，你可以说自己很想来，你觉得与他共进晚餐是非常浪漫的事，与他一起看话剧是很愉快的事，但你最近特别忙。甚至，你可以先答应他提前三天向你发出的邀请，但提前一天告诉他你有急事，来不了，很抱歉。他一定可以理解，也不会耽误他安排其他约会。下次你可以主动约他，作为补偿，但隔几次后你可以再来一次这样的爽约，考验他的真心；也让他明白，你不是无聊女子，确实有很多事情要做。

密云不雨是形容云彩很密集，但就是不容易下雨。你一直待他很不错，甚至当他一个人过端午或中秋的时候，你为了不让他孤单和他一起过，但情人节和圣诞你可以借口有其他事情不陪他。当他表白的时候，你不必答应，也不需否决，只说，你希望的爱情是水到渠成很自然的那种，他一定明白跟你还没到那个程度，会耐心等你。

如果他一直想和你发生关系，你说太早了，你无法接受自己这么早就跟人同居。那就或者说：“我爸妈要知道我这么快就和别人同居非打死我不可！”或者说：“太随便的女孩子，你放心吗？”

平时你要对他好，营造一种很关怀他，很想和他一生一世在一起的感觉，但在性上却并不急于给他。你对他比较真诚，他会觉得你适合做老婆，靠谱；即使你暂时不给他性，他也会想，再忍几天了，这么好的女人当然不会随便上床了。对于保守女生，这个方法可以用一下哦。

事关爱情气场

真正相爱的人，一定是气场一致的人。

判断一对夫妻幸福与否，除了所谓的夫妻相之外，还应该有一个共同的气场。而共同的气场，首先表现在两个人拥有共同的脾气与秉性上。

《红楼梦》里，宝玉特不待见宝钗的“教育”，原本对她还有几分好感，但一听她说读书考试、扬名立万、光宗耀祖，爱情指示灯顿时熄灭。在他看来，“好好的一个清净洁白的女儿，也学得沽名钓誉，入了国贼禄鬼之流。这总是前人无故生事，立言竖辞，原为导后世的须眉浊世。不想我生不幸，亦且琼闺绣阁中亦染此风，真真有负天地钟灵毓秀之德”！相反，林妹妹从来不对他讲这些话，所以宝玉愈发由衷欢喜。黛玉不说，并不是故意为之，是真情流露，她心里压根没有这样去想。

贾府里的焦大不会爱上林妹妹，这就是气场不同。林黛玉更不会选择贾琏、薛蟠之流，她只会爱上宝玉，因为，她就是宝玉灵魂的另一面。

现代人又何尝不是？大家总是循着相同的气场走到一起的，一个热爱生活觉得追求财富应适可而止的男人，绝对不会喜欢天天催他玩命赚钱的女子；一个利欲熏心的女人，也不大可能真正爱上无私奉献正义凛然的男子汉。即便他们生活在一起，不吵架，不闹矛盾，但彼此找不到任何相似的东西，仿佛来自两个世界一样格格不入互不关联，结局也可想而知。

林黛玉与贾宝玉的爱情至上和纯净主义，钱钟书和杨绛的书香生活，江南春说他和陈玉佳的缺点和优点都一样，其实都是气场。

很羡慕一对中年夫妇，并不是因为他们有夫妻相，而是因为他们在人群中，在聚会里，那种互望的眼神，那种默契的配合，那种行事作风、为人处世的方式，都超级般配、和谐；他们到哪儿都能形成鲜明的气场，即使事先不知道他们是一对，你也能分明地感觉出来。

气场就是两个人共同拥有一种品质。“从性格上讲我和王菲都是很简单的人，你说纯净也可以，特别是她更像是泉水。我可能就要世俗化一些，可能最初也是泉水，曾经被污染过，浑浊过，后来又沉淀成了泉水……”李亚鹏如是说。

有了共同的气场，就仿佛两个人都沐浴着同样的圣洁光辉。这种共同的气场，是你们超然于人群的标志，是你们被辨认的标签；这气场仿佛香氛，弥漫在你们的周围，让你们洋溢着爱的气息……

自己买花自己戴

自己买花自己戴，好过眼巴巴等着男人来买花！

朋友小羊原本月薪丰厚，在深圳某媒体工作，后来嫁了一个香港男人，于是辞职在家，相夫教子，过起了典型的全职太太生活。

再后来，香港男人未能免俗地出轨偷腥，小羊当机立断，办起离婚来雷厉风行绝不手软。离婚证拿到手后才发现，自己没争得一分财产。

身无分文的小羊对未来有点迷惘，但她并不后悔，大不了，再去做自己的老本行呗。只不过，等她真去找工作的时候才发现，现在的报社清一色 80 后，甚至 90 后，而自己早就是奔四的人了，还跟这帮小弟弟小妹妹混生活，实在说不过去。

恰在这时，一个念头闪过小羊的脑海，既然自己来往香港方便，何不弄点生意做做？小羊原先就爱买名牌，对各类名牌如数家珍，家里现在也有不少名牌包包、衣服、鞋子，细数一下，好像自己并非穷光蛋，光这些名牌产品就值几十万呢。

于是，小羊在淘宝开了一个名牌二手店，售卖自己的二手名牌，出货出奇顺利。不久，小羊就像《色·戒》里的王佳芝一样，从香港进二手名牌，在网上售卖，一个星期居然卖出了三只包包、五双鞋子，还有一件品牌大衣，利润就有两万之多。

尝到甜头的小羊开始投入更大的精力，通过网络和媒体宣传，以及买家的口碑相传，小店得到了迅速发展。如今，小羊的二手名牌店月入十几万，一年下来可以进账一百多万呢。在这个过程中，有个男人一直给她建议，帮她处理工作上的事，两个人情投意合，渐渐萌生了情愫。现在，两人结婚，日子相当甜蜜。

薇薇跟小羊同一时期离婚，但现在却过得更糟糕了。为了摆脱窘境，薇薇很快就接受了一个二婚男人的求爱。两人开始得太匆忙，都没来得及挑选、比较、考察、磨合，再婚后很快就发现两个人不合适，于是二度离婚。跟上一次婚姻一样，薇薇离婚后依然没获得任何财产，恶性循环，她再次陷入了经济困境。

小羊和薇薇的遭遇和处境相似，为什么小羊能走向甜蜜，而薇薇却重蹈覆辙？并不是因为小羊有那价值几十万的二手名牌做基础，而是小羊不依赖男人，专心做自己的事情，虽然辛苦，但赚到的钱都是自己的，就算没有爱情，自己买花自己带，她也不会太悲哀；而薇薇则离不开男人，失去一个紧接着再抓一个，没仔细选择，幸福的几率就要小很多。

自己买花自己戴，终好过眼巴巴等着男人前来施舍！

看电影与沉没成本

如果浪费的成本多，不如放弃。

跟女友去看电影，才看到十几分钟，她就嚷着要回去，理由是内容实在太烂。尽管我也有同感，但毕竟花了160元买票，所以安抚她看完再走。

但过了几分钟，女友又说想走，我仍没答应。女友不太高兴："你走不走，你不走我自己走了！"我暗想，她为什么这么自我，陪我看完就不行吗？见我还舍不得走，女友起身离去，看情况不妙，我赶紧出来追。两个人忍不住唇枪舌剑一番，各有各的坚持与理由，以致闹得很不愉快。

不愉快的结果是，说了无数甜言蜜语才把她哄好。绞尽脑汁地表白，搜肠刮肚地赞美，整个操练下来让自己疲惫不堪，于是开始反思，到底是谁的过错？

显然是我不对。经济学中有个"沉没成本"的概念，是指由于过去的决策已经发生了，而不能由现在或将来的任何决策改变的成本。人们在决定是否去做一件事情时，不仅是看这件事对自己有没有好处，也看过去是不是已经在这件事情上有过投入。人们把这些不可收回的支出，如时间、金钱、精力等称为“沉没成本”。这么说吧，我买的那两张电影票，看不看都已经付过钱了。自己究竟要不要看完这场电影呢？当然不要！

大多数经济学家们认为，如果你是理性的，那就不该在做决策时考虑沉没成本。

如果我看完这场电影：女友会觉得我不疼她，觉得我更爱电影不爱她，这从吵架事件中已经得以印证，是非常危险的。那么，为了避免出现这种风险，就必须放弃看完这场电影的想法。错误在于，我被那 160 元迷住了，觉得食之无味弃之可惜。太记挂沉没成本，以致做出了错误的判断。

如果你谈恋爱的时候遇到我这样的情况，千万不要像我这么傻，去考虑什么沉没成本，你应该完全凭你的心情去做决定，别磨蹭浪费时间！

爱情的行为制约学

爱情要有规章制度，建立了制度之后还要认真执行，这样制度才能见效。

婚姻专家调查研究发现，在那些离婚的女人中，有超过50%的女人都是因为改造不了自己的男人，无法忍受他的恶习才离婚的。可见，改造男人是个多艰难的事。

男人能改造吗？或许我自己的亲身经历可以说明一些问题。以前的我有不少坏毛病，不喜欢叠被子，衣服和书到处乱扔，吃饭时总习惯蹲着……但在女友的反复叮咛和“教育”下，这些小缺点如今都被一一克服了。

男人不想改变自己的陋习，是因为他没遇到自己喜欢的女人，如果真遇到那个真命天女，他会愿意为她改变。对于男人而言，他们不是不能改造，而是不愿意接受改造——因为女人的态度和方法不对，让他们觉得自己特没面子。

这分明是消极对抗！其实，男人从本质上来说是可以改造的，关键是看你运用什么思维和方法。

心理学上有个著名的训练方法——行为制约，就如同你每天朝九晚五去上班，有的公司允许你穿拖鞋、短裤，而有的公司则要求必须西装革履，连牛仔裤都不准你穿，这就是一种行为制约。

如果你想训练某个人，让他养成某种习惯或行为，符合你的标准，那你必须在训练过程中给他一定的奖励或惩罚，当他表现好的时候就要给予奖励，表现一般或差劲则要进行处罚。

拿到爱情里来说，不妨建立一套爱情业绩考核机制：当男人表现突出时，就给他加分，做了错事就相应减分，在固定周期内，分数太低则要受到必要的处罚。比如，当男人给你煲了汤，让你的痛苦减轻，这就可以加 2 分，而当他忘记你的生日，你就必须给他减 5 分；如果他被子没叠，衣服没洗，臭袜子乱扔，那就减 1 分；他对你无故发火，可以扣 2 分。该奖励时奖励，该惩罚时惩罚，可以将内容写清楚，合理、灵活、综合地运用，科学实施，让他心服口服。

奖励要有吸引力，要熨帖，惩罚要严肃但不苛刻。这个过程中，女人应该记住三个秘诀：一、不要每做一件事都给他奖励，有些事情是他必须做的，是最基本的，如果连这样的事情都给奖励，他会形成依赖；二、奖励不一定是当场兑现，如果当场兑现，就会显得很直接，有交易的嫌疑；三、惩罚不能马虎，如果你这一次放弃了原则，他下次还会期待你放弃，长此以往，执行工作会不了了之。

没错，我就是这样被改造好的！

当情侣勺摔碎一只

女友的大度和聪明，让我觉得我是个被爱的人。

记得小时候打碎过家里的碟子，怀着忐忑的心情把这事告诉妈妈。原本担心会挨骂，但妈妈只是笑着抚着我的头，夸我诚实。妈妈不会骂我，可长大之后，面对的是恋人，如果再打碎碗碟，后果会如何呢?

前几天，玲玲遇到一件郁闷的事，她将男朋友送的情侣勺打碎了一只，结果，男朋友将这个事情写进了他们的家庭开支财务表。在那个表格里，男友将这只打碎的勺子作为一对勺子填进了“损失”栏。玲玲不解了，明明是打碎了一只勺子，怎么要填上两只呢?他的解释是，情侣勺是一对才有意义，去买一只人家也不卖，所以损失了一只就相当于一对。

似乎有道理。可玲玲总觉得他说得牵强，心里很不舒服。一对变成一只，仅是共同的象征意义没了，从纯粹的经济损失来说，还是只损失一只情侣勺。在我没有买之前，你就已经把要买的钱算进了开支，这显然也是不对的。

这让我想起前段时间将新买的雨伞弄丢的事。

那是两把情侣伞中的一把，但我不小心把它忘在地铁里了。女朋友知道后不仅没责备我，还安慰我："没事，我们再去买两把情侣伞。""那，我们岂不是有三把伞了？"想到那剩下的一把伞，我不解地问。女友说："那一把也不会闲着啊，我们可以先用那一把，等它破了，再用后来买的这两把情侣伞。当然，旧伞你先用着，我用新的，因为我比较爱惜嘛。这样，等你将旧伞用破了，再打那把新的，这样两把伞不又是情侣伞了吗？还有，你不能因为有了新伞，就不爱惜那把旧伞哦，要知道，它曾经也是我们的情侣伞哦，你不能因为它只剩下了一把就忽略它的身份。"

听完女友的话，我真觉得她想得很周到：我的女友用伞比我爱惜，她主动承担起这个艰巨的任务——她用其中一把新的，我先用那把旧的，等旧的不能用了我再用新的。这样，我们还是一样地拥有两把情侣伞。挺好的！

我很喜欢女友的这个决议。相比那位朋友的男友，我女友的大度和聪明，让我觉得我是个被爱的人。而我的朋友则被男朋友"计算损失"，说真的，我建议她赶快甩了他！

演好爱情这场话剧

人生如戏，全靠演技。人的一生都在演戏，演技好的人能取得长胜。

如果一部电影被冠以"糟糕"二字，就算是购买盗版碟片的观众也会愤怒地大爆粗口。但对于话剧，即便内涵不深刻，对白不搞笑，情节设置莫名其妙，也很少会有人抨击谴责。之所以对话剧网开一面，就是因为看话剧是跟舞台上的演员面对面，是更直接的交流。话剧是可以让自己代入，或者说更容易让观众参与的文艺形式。

话剧是真实感最强的一种艺术，也许你不欣赏他的风格，但看到他使出了浑身解数卖力演出，你还是会被感染。所以，情节到达高潮之处你会击掌叫好，听到风趣诙谐的台词你会开怀大笑，看到他夸张的动作或神情，你虽然会有小小的轻蔑和不以为然，但你还是能原谅他——当一个人在台上，尽了最大的努力想演好这部戏，你已经不忍心责怪他了。

那些著名的话剧，几乎全部都与爱情有关。在观赏之余，我常常被演出感动。因为每一出剧的最后，所有的问题似乎都可以解决，而中间的过程只不过是我们的生活所必须面对的。

每当看到他们激情澎湃地讲完几十分钟的台词，我总是佩服得五体投地。那一刻我会想，看来自己是演不了话剧了，那些台词我是背不出的。但话剧演员却说，他们为了台上那一两个小时的演出，往往台下都要排练成百上千遍。

换句话说，他们也不是天生就比我聪明，只是他们念得多了，背得熟了，自然就记住了，正所谓“台上一分钟，台下十年功”。这充分说明，训练，能让一件事变得完善，能让原本粗糙的东西变得精彩、精致甚至成为精华。训练的过程是进步、打磨、提升的过程。

如果爱情也能训练一下，那是不是也可以更精美更华丽？

爱情的话剧，如果你能认真对待，遇到问题解决它而不是逃避它，遇到麻烦克服它而不是放弃它，大家一起商讨，一起面对，用尽所有力气，演到最后，岂不是也可以演得精彩？

爱情就像一出话剧，我们在话剧里经历世间的爱恨情仇，也经历人生的欢喜悲伤；爱情是一出话剧，幕开幕落，正象征了我们的人生。

白色谎言与黑色谎言

白色的谎言是蜜糖，黑色的谎言是砒霜！

美剧《千谎百计（Lie to me）》每集一个案例，那些侦破谎言的方法和技巧，很是吸引眼球。

比如，假如你与人握手时双手冰凉，这说明你内心恐慌，因为血液流向了你急于逃跑的双脚；假如你被质问时不经意用手去摸脖子后面，那是每个人都有的强迫症在帮你做掩饰；如果你去摸的是眉骨而不是脖后，那就说明你为所说的话感到羞愧……

该剧吸引了众多女孩子，她们一边看电视学测谎技术，一边在自家男人身上实践；而男人也是举一反三，察言观色审查起自己的枕边人。于是，男人和女人的测谎变成了一场侦查与被侦查的爱情游戏。

说谎也不是什么大不了的事。对一个女人来说，如果你发现丈夫撒谎了，就觉得男人都是大骗子，就觉得天塌了下来，继而上吊自杀，那只能说你很傻，绝不是你比别人重视爱情。因为有些时候，有些谎是必须撒的，也就是说，谎言有其现实存在的基础与必要。

《欲望都市》里，律师玛兰达的丈夫冲动下出了一次轨。风流结束他就后悔了，主动向老婆坦白。我敢说他此后一定不敢、不肯、不想再出轨了，出轨给他带来的是心理负担，得不偿失，快感全被负罪感给耗尽了。玛兰达是个要求爱情纯洁无瑕的人，她无法容忍丈夫这么对自己，当即提出了分居。

由此可知，诚实相告有时会是一种伤害。不和盘托出难道是要说谎吗？心理学上把谎言分为白色谎言和黑色谎言两种：白色谎言是指无恶意甚至有益处的谎言，黑色谎言是指从个人利益出发，故意伤害别人或者占别人便宜的恶意的、欺骗性的谎言。爱人之间经常出现的，大多都是这种白色谎言。对白色谎言，如果我们能好好利用，对爱情和生活的积极作用不言而喻。

美国有个《真心话大冒险》的电视节目，参与的人只要如实回答 21 个问题，就可以拿到 50 万美金。这么容易，按说很多人都可以领取高额奖金了，但事实并非如此，因为面对着你的亲戚朋友、台下观众，有时候你无法做到完全的诚实，真相大白往往也意味着得罪人无数——会让别人尴尬，自己也要陷入难堪的境地。

许多中国观众明确表示，自己是不会参加这个节目的，原因很简单，有些事情你必须依靠撒谎才能解决。所以，尽管内地也出现了《别对我说谎》这样的真人秀节目，但敢于上去的人实在不多，虽然那奖金也很吸引人。

其实，我们反感的并不是撒谎本身，而是痛恨那些拙劣的谎言。

因为有些人将谎言编织得很完满、很浪漫，让所有的人都觉得舒心愉悦，谎言成了美好生活的润滑剂；而一旦技术拙劣，破绽百出，别人一眼就看出来了，事态自然不会良性循环。

从这个意义上说，恋爱的时候的确需要谎言，而且需要很高明的技巧！

爱他，就要永远相信他

爱一个人，就要选择相信他，不管你看到什么，都要弄清真相后再做决定。

有一对女生是大学同学，很巧合的是，她们的老公又在同一个公司。她俩经常聚会，谈论自己的男人，并互相取经，怎么才能管好男人，管住他们的钱包，管住他们不出轨。

这两人平时都是家中的会计，一分钱都看得死死的；而且，她们还坚决认为，要想男人不出轨，就得勒紧他的口袋，因为男人有了钱就变坏嘛。

有次，公司安排她们老公去国外旅行，她们并没有跟着去。那么，怎么才能管好自己的老公呢？两个女人商量后，决定只给老公一定数量的钱，回来时还要检查他们的剩余，开支都要有凭据，要是对不上账，就会惩罚他俩。

等两人到了国外，因为没有多余的钱消遣，过得很郁闷，于是，两个男人商量过后，决定去赌一把。其中有个男人赢了，另一个输了。输了的就想，这回去怎么跟老婆交代？另一个赢了的人也够哥们，说他其实私下攒了一点钱，不过在公司，等回头可以借给这哥们，这样就可以应付老婆的财务支出检查了。

不过，让他们郁闷的是，两个女人却把他们堵在了机场，当场发现这个输了的哥们有几千块钱对不上来，便断定他是在国外寻欢了。男人被女人问得头疼，最后就承认自己是赌博赌输了，但女人不依不饶，认为两个男人在国外买春了，所以才合伙骗她们。就这样，因为这对不上账的几千块钱，两个家庭陷入了怀疑、争吵中，不久，两个男人对两个女人忍无可忍，就离婚了。

想想，这样的事，在我们的生活中也并非没有。

就像我的一个朋友，有天，他对女朋友说，他要出一次长差，而他出差的这几天，就包括了情人节。女朋友显然很失望，但也没说什么。朋友是想给女朋友惊喜的，所以他并没有说出自己的计划。到了情人节这天，他捧着玫瑰花，兜里揣着求婚钻戒，满心欢喜地朝家赶，他想给她一个求婚惊喜，让她幸福得眩晕。但是，按门铃才发现，家里没人，打她电话，也没人接。女朋友会去哪儿呢？再打电话到公司，公司也没人。而且，都已经是下班时间了，她显然不可能在公司加班。

失落的他走到街上，却惊奇地发现女朋友和一个男的在路上散步，而且，手里还捧着花。正当他诧异的时候，蹦出来一个女人，当街就给那男的一耳光，骂他骗自己出差，原来是在外面勾搭女人。女朋友也看见了他，想过来解释，但他根本不听；女朋友身边的男人也过来解释，说那个女的他根本不认识，完全是误会，但朋友就是不相信。就这样，两个人分手了。直到一年后，女孩子要结婚了，写信给他，她说："不管你信不信，那个男的真的是我大学同学，他来深圳出差，我就尽地主之友谊，陪他逛逛；至于那个女的，他都觉得莫名其妙，因为他也根本就不认识她。虽然你不相信，但我还是要说明白，因为我是清白的。"

你看，根本没有的事，却要为它承担分手的后果，由此错过佳人，是不是很遗憾呢?

所以，如果你爱一个人，就要选择相信他（她），哪怕有蛛丝马迹，有出轨的迹象，也一定要认真核实后再做决定，切不可看到表象就乱做决定，这样，于人于己，都是一种伤害。

爱情按时晒太阳

心情要晾晒，爱情更要晾晒！

19世纪的一个黎明，在巴黎的乡下，有一间灯火通明的小木屋，灯光下，一个年轻人正在给远方的女友写信：

“我拼命工作，天天洗澡，不接待来访，不看报纸，按时看日出。我工作到深夜，窗户敞开，不穿外衣，在寂静的书房里……”

这个“按时看日出”的人正是福楼拜，一个整天埋头写字的人，却可以抽出时间看日出。这真是一种积极达观的人生态度，用在爱情里也很是恰当。

首先，爱一个人，一定要拼命工作，只有拼命工作才能赚到钱，才能为日后的生活提供良好的物质基础。一穷二白，让她跟你喝冷风吗？其次，天天洗澡，我们完全可以说，它预示了人生抑或爱情，一定要时不时地清理垃圾，打理多余的废物，否则，任秽物积累身心就会散发异味。不接待来访，可以理解为抵御外界诱惑，不去勾三搭四，不去拈花惹草，不去风流快活。不看报纸，可以代表一个人的强大的自我，不受外界的谣言误导，甚至不受自己的亲人与朋友的意见左右，想想看这是多么难得。

尤其是按时看日出。每个人都难免有内心阴暗的时候，就算大家都是阳光少年，相处久了，也难免会有罅隙，你可能对我有不满，我也许对他有埋怨，这当然是正常的。但如果一直无法畅快沟通，一直无法解决愁与怨，时日久了，终究会长毒瘤。所以，有必要去晒晒太阳。两个人，选一个阳光明媚的日子，去郊外，去海边，甚至就在自家的阳台上，慵懒地晒着太阳，诉说着彼此内心的情愫，这绝对是让彼此敞开心扉，彻底达到一致的好时机。

诗人说，我来到这个世界上，就只为看看阳光；阳光的妩媚会驱赶掉人们内心的阴霾，会让人感到舒服快活。《圣经》里面也写道，日光之下，并无新事。当你们两个在一个悠闲的海滩，或者在碧绿的原野、阳光下撒欢奔跑，你们被阳光晾晒，内心还能有什么不可以说出来？而且，那个时候，就算再阴郁的人，也会被感染得忘掉不快吧？

相爱的人，一旦你们有什么心结，一定要赶快解开，拿到外面晾一晾，这样才不会发霉；拿到阳光下去晒一晒，这样才不会萌生荫翳；拿到阳光下去抖一抖，这样才不会潮湿。晾晒的意义，就是让爱生出花来，闻得见阳光的香气……

其实每个女人都是魔方

喝酒的女人更性感

品酒识女人，闻酒见女“性”。

与一位广州美女作家聊天，正是兴高采烈之时，她忽然说，不跟你聊了，我要喝酒去了。我问她是不是赴别人的喜宴，她说不是，是跟朋友消闲。

那一刻，心里涌起一股很特别的感觉——她是一个非常懂得享受生活的女人。“我要喝酒去了”，就像张爱玲说的“走，我们下楼去”，很有一种女性特有的豪爽，真是让人喜悦呢。

男人喜欢醇酒美人，女人也没闲着，偶尔喝个小酒，与男人说些不着边际的话，把他们迷得晕头转向。可是，当你想向她膜拜的时候，她却又翩然离去，留下你在那儿独自怅惘。

品酒识女人，喜欢喝红酒的女人是天生适合恋爱的。她们天生具有一种浪漫的风韵，像红酒一样有着宜人的气息、诱人的色泽，经过时间的酝酿，最后把所有的风华都融合进那馥郁的芳香里。她们欣赏一切优雅的环境，喜欢沉浸在一种浪漫的氛围里，也许你没有豪宅豪车，但你能给她心动的感觉，她都可能臣服于你。这就是红酒女人，她们本身是通透的、简单的，与君共饮，便是对你心有所属。

看过一部美国电影，里面的女主角天性乐观独立，别有一番阳刚气质，所以最爱的是白兰地。你见过喝二锅头的女人吗？中国的白酒一般都口感辛辣，敢于喝白酒的女人，本身就比白酒还刚烈。她们真的可以像男人一样，不管条件多么艰苦，不管局势如何严峻，她们都一样地淡定乐观从容不迫。这样的女子，即使在乱世也能活得很好，因为她能够对付一切恶劣的环境。

有的女人喜欢喝茅台、五粮液，这样的女人也如佳酿一般，底蕴好，原料好，酿造工艺更好。她们真正经历了岁月的发酵与沉淀，融合了古典之美与现代气息，一旦在世上立足，便会散发出醉人的醇香，有时候，连男人也禁不住由衷敬佩。

清酒，我偏爱这个名字，清冽之中别有韵味。喜欢喝清酒的女人，往往小家碧玉温婉可爱，大多对浮华没有特别的爱慕，对物质要求也格外简单。即便每餐都是粗茶淡饭，但只要有爱，她们就已经很知足了。

香槟或许是最不贴近日常生活的酒，很少有人真正花时间去钻研品鉴香槟。尽管常常在庆功宴上抛头露面，其实都是烘托或妆点氛围。不过，男人请女人喝香槟，则往往是醉翁之意不在酒，大多有着让女人解除戒备的打算；可是喝香槟的女人，却以她的睿智让你的坏心思不战而败。

所以呢，女人与酒，与男人，就这样纠缠在一种欣赏与陶醉的关系中，由此产生的浪漫故事也将继续下去，直到永远！

“说教型”女友

唠叨让人头疼，爱当老师让人讨厌。

《非诚勿扰》有个嘉宾她在节目中的表现是典型的说教型女友的形象。

就思维和表达方式而言，说教型女友是个很搞笑的定位。她们基本上糅合了老师、妈妈、居委会主任、革命演说家等形象，属于喜欢讲道理、让人受教育的类型。

谈恋爱的时候，无论什么事都要拔高一个层次，本来一件很轻松的事，她也能上纲上线，把它变成富有教育意义的话题，几乎没有男人受得了。

说教型女友平时都一本正经，她喜欢将一切都赋予积极意义。别忘了，凡事都这样拔高处理以后，人就显得不够真实，可能她自己觉得很正常，但周围群众听起来就会不耐烦。她会告诉你，生活需要爱，男人和女人应该互相尊重……如果仅仅是这样还能接受，就怕碰到你做错了什么事，她板起脸来教育你的时候，那简直是反复重温老师的批评和妈妈的叮嘱，的确让男朋友备感困扰。

说教型女友不会容许你出差错。一旦你触犯了“金科玉律”，她就会批评你，要给你上十几堂人生课，一遍遍向你讲解，怎么才算一个好男人。只有符合她的要求，你们才可能幸福；但通常情况下，你不大可能达标，所以有必要接受她的再教育。

“用装出来的气质糊弄人，用学来的语言教育人，用抄过来的文字鼓舞人！”这就是说教型女友，她们通常不够灵活，思想比较保守僵化，甚至是非常不开明，难以沟通。

说教型女友陈述的，一般都是濒临过期的大道理。换句话说，她们只喜欢贩卖思想，而缺乏独立思考的基本能力，只是将那些大家都了解的内容不厌其烦地转达给你，才不管你是否早已起了一身的鸡皮疙瘩。是的，她们往往忽略了，其实你早已超越了扫盲班的层次。

男人大都讨厌唠叨，但让男人更讨厌的是说教，因为成长的过程已经被教育了太多年，男人需要有自己的思维模式；何况生活已经如此乏味，他需要好玩的东西，根本不想听你讲那些落伍和教条的理论课。但偏偏许多女性不了解男人的思维，整天念念叨叨啰里啰嗦，难怪男人会厌倦了。

如果你是说教型女友，不妨再重温一下《大话西游》，看看孙悟空是怎样讨厌唐僧的吧！青春尚在，改正当然来得及。

女人不怕丑，才能更幸福

不怕丑不是让你做丑事，而是让你更勇敢。

电影《魔术外传》新闻发布会上，蒋雯丽和章子怡合影，记者写道："章子怡相当自信，似乎已经完全走出'捐款门'的阴霾。"不走出还能怎样，难道要她继续背着黑锅直到2012?

按照中国人的逻辑思维，不管当事人是否存在亏欠，一旦被人爆料，遭人质疑，真假难辨，那就算是丑事了。而一旦有了丑事就永远翻不了身，这是许多人给女人下的定义。

章子怡及时摆脱了负面情绪，走出"丑境"，奔向光明，这本是值得开心的事，但偏偏有人不待见她好转起来，希望她多"糗"些时日。遗憾的是，"国际章"是不会因为这个"丑事"就告别演艺江湖的，一任羡慕嫉妒恨碎落满地。

我想起另一件事：张曼玉在国外走秀，鞋跟突然断了，尽管她机智地化解了尴尬，但娱乐新闻却大肆宣扬“张曼玉又出丑了”。某些人真是太无聊，似乎张曼玉做了什么见不得人的事，该立马从地球消失以死谢罪。还好张曼玉也是见过大世面的人，身经百战，百毒不侵，这样的小事她怎会放在心上呢？

无论章子怡还是张曼玉，她们面对尴尬时的坚强，都值得女人学习。因为只有化解了尴尬，才有幸福的机会。

这个道理，小S没经历过挫折都明白，所以她才敢在节目中坐男嘉宾的大腿，摸男嘉宾的胸肌，在大庭广众之下放屁——你要回头看她，她还恶人先告状地警告你：放屁乃人之生理需要，谁都会放。如果你还害羞，她会骂你假正经、做作。小S的话无疑是对的，控制不住，放个屁又能怎样？也许你觉得不雅，但她却爽了一把，且因放得及时，不会对身体产生危害，真是明智之举。

出丑没什么大不了，出丑不会死人。不信？你看当年因为性爱录像而一团糟的璩美凤，现在不照样结婚生子，事业也不错？璩美凤后来去异国他乡学习，不仅开了咖啡馆，还遇到了深爱自己的男人，这就是一种沉静的力量，这是值得肯定值得学习的女性精神。

张柏芝和阿娇也算出丑了，因为隐私被万千人看了，脸丢大了，但事后，张柏芝认真悔过，阿娇认错求生。虽然方式不同，但态度都是一样：不能被丑事压死，一定要超越这个丑事，一定要走出丑事给自己带来的阴影，重新绽放。

当然，举璩美凤、张柏芝和阿娇的例子，并不是让你效仿她们的经历，而是让你学习她们面对挫折和艰难时的坚强与勇敢，学习她们的抗压能力。

从这个意义上说，不怕出丑的女人，更有前途；女人只有不怕丑，才能获得更大的幸福！

封杀“拖派”男人

女人终究拖不过男人，所以女人应该采取措施，封杀“拖派”男人。

《20 岁学会恋爱　30 岁收获幸福》的问世颇为曲折：起初是某出版社有出版意向，可拖延了好久，始终不见动静，原来是他们觉得内容太另类，观点“非主流”。经一番引导之后，对方终于认可了我的文字和思路；可没隔几天，他们又担心市场表现不佳……如此反反复复，足足拖了有半年。

要是继续下去，估计还会这样无结果地扯皮。于是，我干脆利落地拿回了书稿，转交给另一家出版机构，不到两个月，新书就正式全国亮相了，居然卖得还不错。由此可见，当你“被拖”，最应该做的就是赶紧转身。

谈恋爱又何尝不是?

当初郑伊健与梁咏琪、许志安与郑秀文，这两对情侣都是拖拖拉拉很多年。本来，分手也没什么，但问题在于，在岁月面前，女人就是没男人占优势——郑和许仍旧是以帅哥的姿态示人，照样有万千女粉丝痴迷尖叫；但两位红颜却已经出现疲态，老大不小了还依然单身，多少有些凄凉吧。

男人当然拖得起，越成熟沧桑越惹人关注，可女人拖不起，大多数人来不及修成正果就已青春褪色了。所以，不要期望奇迹会在你身上出现，像刘嘉玲那样，被梁朝伟拖了二十几年才结婚的纯属凤毛麟角！不要以为你就是他的爱情终结者，你没准就是陪练的。

拖得太久，不稳定因素也日渐累加；推迟，推迟，总会让心冷掉。就像娱乐公司无限期地雪藏艺人，藏到最后再想一炮走红，只怕比登天还难。

女人真应该明白，一个男人爱你，最想做的就是把你娶回家。即使是患有先天性恐婚症的男人，遇到真爱他也会结婚的。《欲望都市》里的大先生，在婚礼现场临阵脱逃，让新娘成了伤心的泪人。但几个月之后，他翻然悔悟，发疯似的想要补偿——他要给心上人最好的婚礼，最真的爱。

不要期望拖了很多年的人娶你，结婚需要冲动，也要勇气，能结就趁早登记注册，无缘婚约的也不妨分手快乐。结婚证不过是一纸文书，九元成本，领取一本哪来那么多困难和沉重？反倒是拖上个十年八载，嫁人的心早已枯萎了。

所以，对付“拖派”男人，最好的方法是封杀他！不要留恋，不要心软，坚决地离开他，才是上策。

情人的目光

世界上最锋利的，不是刀剑，而是情人的目光；情人的目光是催促你前进的利剑。

热恋的时候，情人的目光是一面镜子。我们希望把最好的自己彻底展现，自己在情人的目光里是全世界最棒的爱人。这也会导致不自然和不自信——因为追求完美，所以刻意修饰；因为展现完美，所以难免紧张。

不仅是镜子，而且还可能是哈哈镜。经常会看到恋爱中的人，总是带着一点矫情、一点做作、一点虚荣，不管男人女人，都有这种不真实的瞬间。恋爱中的人，为了这种完美的形象，需要花费大量的心思与时间去修饰自己，这种夸大直接导致了我们的变形。恋爱中的人是失真的、分裂的，总是在巅峰与谷底之间颠簸，在快感与忧郁之间反复，这种巨大的反差，也只有热恋时才会有。

两个人彼此交付了真心，经过了试探、担心、疑虑、表白、决心、厮磨、确定之后，情人的目光是一面湖水。我们经常彼此凝望，仿佛从对方的眼波里，看到了内心的无比善良与纯净，也看到了那份专属的欣赏与爱意。

情人的目光，是最容不得谎言的测谎仪，如果你的表白言不由衷，眼神有丝毫躲闪游移，都能被看得一清二楚。所以，你最好真实、真诚一点，否则，吃不了兜着走的就只能是你自己。

分手后，情人的目光，就像新愈合的伤疤，总是会时不时地痒一下，让你想起那分手的难过时刻；情人的目光，也像一盏探照灯，你总觉得背后有双眼睛在关注着自己，你处处跟自己较劲，希望日子越来越精彩；情人的目光，更像是一位严苛的老师，终归对你是怀着好意，时时提醒你、督促你，让你在怠惰的时候想奋斗，在意志消沉的时候能打起精神。

当然，情人的目光，有时也是一把锋利的刀子，它无比锋利，它要我们处处小心心生恐惧——你害怕会和一个外表、才华都不如他的人恋爱，担心别人说你越走越下坡，所以总要考虑到它的存在与意义；否则，稍一疏忽、稍一怠慢，它可能就会刺到我们，伤到我们。

直到有一天我们足够强大，我们才能坦然面对那过去的情人。不管我们是飞扬还是失落、激情还是平淡，我们说，那是我们的生活。情人的目光，或许依然在，但我们已不为所动，已经不受其控制，这才是成熟的标志。

美食妖娆，美女多娇

一方水土养一方美女，一方美女展一方风情。

都说一方水土养一方人，一方水土也养一方美女！

譬如，中国东北的饮食多朴素，操作上没有那么多花样，像酱骨架、水饺、拉皮、乱炖等，就是很豪放的吃法。相应的，东北女人也淳朴、豪爽，没有那么多小心思，交往起来一是一，二是二，适合不会哄女孩子的男生。

与东北水饺相比，福建云吞那可真是灵秀无比了，皮薄得透明，馅料格外精致。而福建美女也更有心计，她们对生存艰难体会得更多，也更会持家过日子。有哥们曾认识一个福建女子，第一次约会，女孩子就把他带到名包店里，意思是，如果你想跟我交往，那就先买个包吧。但一旦结婚，她们又非常会过日子，精打细算，绝不会过于铺张浪费。

我认识好几个西北姑娘，都是眼睛大大的，额头挺挺的，身材也棒。看到她们，总不由得想起杨贵妃，想到她们可是穿越了几千年的风雨，依旧沿袭着大唐的风韵，这让你心里不由得就多了一份敬畏。这一点与西北的美食也是风格一致的，烤羊腿、老西安面条和羊肉泡馍等。

川菜和湘菜都以辣为主，让味蕾总是透着“热火朝天”的痛快劲儿。虽然都嗜辣，但湖南妹子与四川妹子各有千秋。湘女多情，她们敢爱敢恨，甜美的笑容更是让人怦然心动。只要爱就会全身心投入，哪怕受伤也在所不辞。她们会让男人感念，即使分手了也会怀念至深。而巴蜀之境人杰地灵，四川妹子非但灵秀绝美，心思与才情更胜一筹，比如邓婕、翟永明、洁尘、虹影……扫眉才子知多少，管领春风总不如。

一般人都只看到上海女子的时尚、小资或娇嗲，其实她们都能干。曾经深入接触过几个沪上姑娘，每个人都是心高气傲，即使不漂亮，也有一种精致妆容外的独特魅力。上海的本帮菜也是这样，就算不够销魂，外观也都已经让你满足。

江苏女子，容颜上更俏丽清秀，带着更多的自然和古典气息，像南京菜里的马兰头等野菜一样，不太张扬，不霸道。浙江的美女明丽一些，与杭菜的风格一致。杭州美女对爱情更看重一些，大约是受了白娘子的影响；宁波女子要更烟火、俏丽一些，比如苏青、毛尖。

武汉美女哪怕谈话她们也不会让你占风头，与她们相处，你会觉得被一种坚硬刺伤，也就是说不够温柔。或许她们觉得女人一定要比男人强，才会这样不让须眉?

广东美女最是性格温柔，天性淳朴、内敛，又是居家型的，喜欢煲汤，在时间里酝酿，将普通的食材做成美味。她们更希望男人在外面打拼，相夫教子依然是她们最大的愿望。她们不仅人美性格好，还煲得一手靓汤，是男人的至爱。

敢于承担的女人

男人从你的承担里，看出了你的真心。

电视剧《红楼梦》里，贾母送给宝玉一件产自俄罗斯的雀金裘大衣，却一不小心让火星子给溅破了一个小洞。宝玉生怕贾母发现，打算修补好，可这么贵重的衣服，所有的裁缝都不敢接。此时，正卧病在床的晴雯站了出来。

这一集的名字是“勇晴雯病补雀金裘”，所谓“勇”就是因为她还病着。为了宝玉不挨骂，晴雯整整缝了一夜，等衣服完好如初时已累得一头栽倒。她如此挺身而出加重了病情，而宝玉也念念不忘她的真情。

不由得想到了汤唯，先与赖声川夫妇结下深厚的情谊；赖声川把她介绍给了戏剧制作人袁鸿，并嘱咐他“要好好照顾汤唯，别让她走弯路”。赖声川又把汤唯推荐给李安，拍《色·戒》出名。当汤唯被封杀时，李安又将她委托给自己的朋友江志强。李安是这么说的：“在这个艰困的时刻，我们将尽一切办法支持她。”江志强是著名电影人，现在花大力气捧汤唯……一个女人，获得某一个男人的认可并不难，难的是让这些男人都愿意帮她，这里面有什么秘诀吗？如果有，那应该是真诚。汤唯跟赖声川结交的时候，是连赖声川的老婆一起交往的，并非只针对赖声川一个人。

汤唯接拍《色·戒》，虽然有出名的考虑，但谁能说，她没有在客观上帮李安呢？李安当初选角时曾考虑过舒淇，但舒淇因为拍过三级片，现在是极力穿衣服，断不肯再脱；刘亦菲虽然想演，但担心里面的裸戏，也放弃了；此刻，汤唯站出来了，这是勇气，也是一种默默的支持。因为剧情有这个需要，总得有个女演员去全裸，如果大家都像刘亦菲那样拒绝全裸，估计这戏也拍不成了。

我猜想，当汤唯遇到李安，一定是这样的情景：他正好需要一个这样的人，苦苦寻觅，而她需要一个贵人，一个出头的机会，将遇良才，相见恨晚！这既是上天的缘分，也是彼此的情分。而且，就算是为了出名，谁又能说汤唯没有在一定程度上支持李安？

许多女人常感叹男人对自己不好，其实首先应该做的是你要对男人好。投之以桃，报之以李，这个古老的人与人之间交往的法则，同样适用于恋人之间。

男人要的并不多，他只要你在他需要的时候，拉他一把，帮他一下，给他一个支持、一声问候、一丝温暖，估计，他就会感念你一辈子。

还在抱怨的女人，赶快学学晴雯和汤唯吧！

慢邮爱情

慢代表了一种从容，一份浪漫。

某天逛街的时候，忽然发现一家慢递公司。走进去，发现店里还真有几个顾客，其中一个孕妇在给自己未出生的宝贝写信：

“亲爱的宝宝，明年的这个时候，当你降临到这个世界上时，让爸爸妈妈好好地亲亲你的小脸蛋吧！”

一个年轻男人预付了两百多块钱，希望在2011年的情人节给女友送上满天星和百合，因为那天正好是女友的生日，而他恰巧不在中国。

这个快速变化的时代追求高效率，连爱情都变成了邂逅、约会、上床一次性解决。人们忙着赚钱，被时代的巨轮驱赶着，根本就无暇去侍弄自己的爱情。所以，见面三天就上床，上过床后也很快就分离；80后闪婚成风潮，但是，排队去离婚的人也一大堆。

快，是这个时代的慢性病，每个人都被感染，没人注意，来不及也无暇顾及。直到某天，慢性病成了绝症，你想要修复，已经没机会了。

那么，何不慢邮一份爱情，让爱在安静、悠闲的环境中生长，让爱细致朴实地茁壮成长，最后，成为一份优雅的爱情？

电影版《暗恋桃花源》里，林青霞准备回云南了，金士杰给她邮递了一些信，当林青霞到达故乡的时候，这些信也会同时到达她的手中。看起来这只是一封封信笺，其实，写满的是他对她的牵挂与惦念，是他们之间依依不舍的情怀。

慢邮爱情，目的是让两个人的爱情更真挚、更纯粹。一切都急吼吼，哪里来的闲情逸致，又哪来的浪漫妖娆？

慢邮爱情，就是放慢爱情的脚步。不要那么急切，不要慌张，从最初的牵手开始，一步步，去体会过程中的心跳，一起播种、施肥、浇水，养育爱情的花，从萌芽到结果，每一个阶段都让人久久难忘。这样的步伐，慢得甚至能听到爱情生长的声音，对对方的感情，当然也就会相应深厚了。

比如，你们可以一起去天涯海角，在那里切切实实地生活一段时间，不必上班，不必接受垃圾爆炸信息。你们看白云，数星星，在夜幕下拥抱，感受肌肤的温暖，亲一个很长的吻，吻到尝到对方的甜味，吻到地老天荒。如果真能这样，那该是怎样的浪漫？

你甚至可以在平时给爱人写一些话，找一家慢递公司，让它在你预定的时间点到达，我想，收到你心语的恋人，一定能感受到你的心跳。

这样慢邮爱情，这样的心态与这样的做法，都是我们这个时代最缺的，也是最珍贵的。如果说放慢爱的脚步是基本的人生观大前提，那么，给对方慢邮一些爱的信物，则属于方法论的问题了。如果我们真的能做到，那爱情一定会和美甜蜜！

神秘与傲气

只有神秘和骄傲才能让男人深入虎穴，赴汤蹈火，死而无憾。

J.M.库切在《青春》里有段文字：女孩子穿着松垂的衣裙，在雨中跳舞，把自己献给承诺要把她们带到她们的神秘核心去的男人。没有能够把她们带到那里去的男人则被她们不耐烦地抛在一旁。

一个男人要想赢得一个女人，他就必须要能把她们带到她们的神秘核心去。不管他是否具备这个能力，他至少应该表现出他具备这个能力——“承诺把她们带到她们神秘的核心去”，这就是男人搞定女人的全部秘密。这和张爱玲说的“通向女人的心灵的道路是阴道”一样，都是指出了最根本的实质。所谓神秘的核心，无非就是指性。关于这一点，库切接着说了另一句话：只有把一个女人带到她神秘的核心，男人才能够到达自己神秘的核心。这取决于两种气质：神秘与傲气——“只有来自神秘的男性自我的充满傲气的呼叫才能将她们从冰冻的睡眠中唤醒”。

男人吸引女人，最主要的就是神秘，让她捉摸不定你，让你在她心中一直都是神秘莫测，都是把握不住，这样，她十有八九会对你倾心。你要有勇气，你要敢于搭讪她们，交接她们，你要打破这种宁静，你一定要让她心里忐忑不安，一定要让她小鹿乱撞，你要让她觉得奇怪，让她觉得被你引导了，让她觉得你很特别。

女人也有好奇心，女人也有征服欲，你越是难搞，她越想搞定你；而你的勇气，恰恰是在挑战她的权威，当她不再是你心中的女神，她一定会恼怒，会愤慨，她想争回这个面子，于是，她要与你斗争。几番周旋，你们的对手戏就多了，而有了对手戏，你就有了机会。

几乎所有的爱情，都开始于神秘与勇气，比如，罗密欧与朱丽叶，他俩并不了解。不了解，觉得一切都是美的，都是吸引人的，所以有了迫切要在一起的愿望，而如果他们了解，他们便不会这样急迫。许多爱情中途散场，也是因为神秘没有了：“你对我已经不再有吸引力！”

至于勇气，当然更是爱的基础。像《简·爱》里，简·爱对罗切斯特说："你以为我贫穷，不美，就没有感情吗？我也会的！如果上帝赋予我财富和美貌，我一定要使你难于离开我，就像现在我难于离开你。上帝没有这样！我们的精神是同等的，就如同你跟我经过坟墓，将同样地站在上帝面前。"《乱世佳人》里赫思嘉爱白瑞德勇气可嘉，因为接受一个你原本不会爱的人，接受一个和社会舆论都不吻合的人，如果没有胆量是做不到的。

神秘与勇气决定了所有爱情的成败。从这一刻起，让你神秘起来吧；从这一刻起，做个有勇气的女人！

人间最美，不离不弃

我爱你，因为你对我不离不弃。

尹志强离开米雪已经两年多了，但米雪说，仿佛他还时时刻刻都在身边。在尹佬与鼻咽癌搏斗的 18 年中，米雪一直都陪伴在他的身旁，悉心关照，无微不至。18 年，听起来像是个武侠小说里常用的数字，让人觉得光阴转瞬即逝，可是，六千四百多个日子，昼夜往复，日常琐碎，当真落到我们头上，又有几人能欣然承受？

米雪对尹佬的感情，千言万语汇成一句话——不离不弃。仅从字面上解释，也许可以说是不离开，不放弃。当你的爱人遭遇不幸，一年半载还可以坚持，毕竟生老病死是一种人生的常态。可如果对方病得已不成形，不能再带给你欢乐和激情，无法给你依靠和照顾，反而需要日复一日的辛苦照料，你会如何演绎这四个字?

电影《变形黑侠》里，一个男人因故“去世”，去墓地祭奠时他的妻子无比难过，他却出现在墓旁，他没有死只是“被变形”了。

“你还会爱我吗?”

“我像以前一样爱你!”

“可是，我的身体是拼凑的，你甚至会害怕，你如何爱我呢?”

女人以沉默作答，她无法想象，她以后将要面对的是怎样的身体。

不管是男人还是女人，都有可能遭遇这种不知所措的茫然。要知道，不离不弃太过稀罕，不必苛求，离去往往是大多数人的表现。

不离不弃有一个前提——你是对方无比热爱的人。当年米雪追求者众多，但是她独爱高大威猛情感朴实的尹佬，他的独特魅力让她钟情，进而无怨无悔地付出。如果不爱，无论怎样优厚的条件，对方都会注定选择逃离，这是铁定的规律。

要想让别人对你不离不弃，至少你自己要做到这一点。或者也不必用重病来考验，在平常一朝一夕的接触过程中，你是什么样的人，你对他是什么态度，你的爱到底有多深，有多重，他心里全都有数呢！不必抱怨，爱是双向的，也是彼此间的一种心灵感应。

这是笃信的时代，也是疑虑的时代，有的人以真爱的名义冲破世俗的藩篱，有的人为了物质或权力而宁愿身心分离，在这些各有各的理由的情爱结合中，到底有多少人真能做到对爱人不离不弃?

不离不弃当然好，可是，我们赞美它却不期望它的出现——由衷希望大家都能够健康平安地生活，在平凡的日子里彼此关爱着，照顾着，快乐着！

附录：陈保才爱的分享

有些女生总把自己演绎成天使、女王或公主，但男人其实只需要一个“女伴”。

每个男人都应该具备科学家的精神，不断地去探索女人未知的领域。

不要轻易地说分手。“狼来了”这话喊多了，别人听到最后是麻木；而“分手吧”这话听多了是愤慨，最后一定真的分手。

36计，72变，108个用心，365个惊喜：这是爱情常青的四个关键数字。

女人是水，男人是鱼，当女人给了男人充分的自由，男人才能快乐游弋。

分手，如果做不到戛然而止，就应该有所暗示，埋下伏笔，这样他才不会太吃惊；当然，如果你能因为自己的态度让他感觉你不对而主动提出分手，那更好不过。

20 岁学会恋爱，30 岁收获幸福；恋爱是可以学习的，后天的提升比先天的情商还重要。

男人价值观的三次巨变：为人民服务；为人民币服务；为女人服务。

这个世界上，稀缺的并不是爱情，而是有关爱的智慧。

吵架的三重境界：完美的吵架是两个人通过吵架解决了问题；次一等的吵架，问题没解决，情绪发泄了，这样不会生闷气；糟糕的吵架，老问题没解决，新问题又来了。

忘掉悲伤是一种能力，沉溺于旧伤不能自拔是一种软弱，“我爱你，但跟你无关”并非像大家说的痴情那样好听。

恋爱中的女人，最应该做的其实不是如何讨好男人，而是如何做好自己。像白天鹅一样，昂起高贵的头颅，做一个自信自尊的优雅女人。

恋人的温暖要是相互的，不能只有一方供暖，另一方取暖。这就像武侠小说里，要想练成真正的绝世神功，往往一起练的两个人都要彼此传授内功，打通任督二脉，彼此融合，互相补给，取长补短，最后才能变成武林高手。

伟大的爱情，败在微小的细节上，让人惋惜，让人遗憾；守望微观爱情，把握好细节，就等于掌握了爱情。

爱情没有我们想的那样美好，也没有我们想的那么糟糕，爱情就是寻常的烟火人生，就是普通的日常生活，是饮食“男女”。

我爱你，但我更爱自己；“比你还爱你”，男人这么说，绝对是假话。

因寂寞而相爱，因相爱滋生抱怨，因抱怨而分手，因分手而怀念：这就是男人与女人关系的四个阶段。

每个人都应该创造属于自己的恋爱词典，每加进一个新词，你都将获得一份新的成长。

做小女人好还是做大女人好？我建议你还是先做个快乐的女人。

真正的爱情不是没有瑕疵，没有罅隙，而是有了瑕疵、罅隙后能够静心待之。

长情的男人固然值得赞许，但如果对旧爱过分长情，那还不如薄情。

总是要走错许多路，才能找到家；总是要爱过许多人，才能不被伤害；总是要傻几回，才能爱得真；总要伤几回，才能学会坚强面对。人这一辈子，总在犯错和改进之间前进，也总在遇见和错过之间相爱。

老板的马屁可以不拍，爱人的马屁却不妨常拍。让爱人开心，让爱人爽，沟通畅快，气氛愉悦，比什么都重要。

明知道爱是不可捉摸的，偏还矢志不渝。明知道月亮是抓不住的，却还贪恋那一泓美丽。捞月亮的人，内心都有一种固执，在为完美的偶像而追寻。

我们总要错过许多，才能找到对的人。能够一爱就成的人当然是幸运的，但大部分人都要辗转反复才能找到真爱，犹如大浪淘沙，最终才能看见闪光的金子。

太听妈妈的话的男人，一般不会太坏，所以，女人可以将这个作为找男朋友或老公的一个参考，因为他知道妈妈的不易，他更愿意呵护女人。听妈妈话的男人更柔软，当然，前提是，他妈妈是个好女人，不是泼妇。

列侬说："要使你的政见被接受，你得抹点蜜糖。"想让你爱的人接受你，你也得给自己抹点蜜糖，而且，还要按他的口味抹，否则，乱抹一气，只能让他更疏远你。

恋人吵架其实是想改变自己的地位，每一次吵架都是挑战，企图改变权力的平衡，提高自己的权威！

驴头不对马嘴的感情，应该彻底撒手；不仅结束两个人的痛苦，还可能成就四个人的幸福。

爱是一张明信片，它的出发点必须是美好的，它的中途，必须是不断学习的、丰盈的，这样，当它到达的时候，才是独到的、喜悦的。它带着浪漫的思绪飞行，穿越浪漫的时空，它所传达的，必然也是浪漫。